Freude am Wagnis des Glaubens

von Rudolf Hubert

Impressum

Freude am Wagnis des Glaubens

von Rudolf Hubert

Herausgeber: Hans-Jürgen Sträter

ISBN: 978-3-754357-13-2

Herstellung und Verlag: BoD – Books on Demand, Norderstedt

Ausgabe vom 1. Oktober 2021

Inhalt

A) Theologische Grundfragen

I. Glaube und Unglaube

Das Buch *„Glaube und Unglaube"*[1] von *Friedrich Heer*[2] *und Gerhard Szczesny,*[3] wurde vor nunmehr fast 60 Jahren geschrieben. Dieses kleine, in Briefform verfasste, Bändchen scheint schon vor über einem halben Jahrhundert die wichtigsten religiösen Fragen von heute aufgenommen bzw. vorweggenommen zu haben. Es war und ist für mich nach wie vor ebenso spannend wie lesenswert. Und es betrifft nicht nur die Fragen, sondern ebenso die Antwortversuche. Friedrich Heer versucht in beeindruckender Art und Weise seinen Glauben so zu formulieren, dass ein Dialog mit Gerhard Szczesny tatsächlich „auf Augenhöhe" gelingt.

Ich möchte meine Aussage an einem kleinen Beispiel aus diesem Buch exemplarisch aufzeigen. Am Ende seines ersten Briefes[4] formuliert Szczesny die entscheidende Frage an Heer unter ausdrücklicher Bezugnahme auf Reinhold Schneiders[5] letztes und vielleicht bedeutsamstes Werk *„Winter in Wien"*[6]. „Winter in Wien" war und ist ein ebenso schwieriges wie theologisch aufregendes Buch. Nach Meinung von Eugen Biser, Karl Pfleger und Klaus Hemmerle gilt es als eines der wichtigsten theologischen Bücher des 20. Jahrhunderts.[7] Und das nicht so sehr wegen der Antwortversuche, sondern eher wegen der Tiefe der Fragen an den Glauben, ohne

---

[1] Friedrich Heer / Gerhard Szczesny „Glaube und Unglaube", Paul List Verlag München, 1959

[2] Geboren am 10.04.1916, gestorben am 18.09.1983; zu seinen bekanntesten Werken gehört „Die dritte Kraft" ,Frankfurt/Main, 1959

[3] Journalist und Publizist, geboren 31.07.1918, gest.28.10.2002, zu seinen bekanntesten Werken zählt „Die Zukunft des Unglaubens", List – Verlag München, 1958

[4] Ebenda, S. 27

[5] Reinhold Schneiders, geb. 1903, starb bereits 1958, also mit nicht einmal 55 Jahren, nach Meinung vieler Freunde und Experten, viel zu früh an den Folgen eines tragischen Sturzes.

[6] Reinhold Schneider „Winter in Wien", Herder, Freiburg-Basel-Wien, 1958

diesen preiszugeben. Die Frage Reinhold Schneiders, auf die sich Szczesny bezieht, lautet:

„Ist sie (nämlich die Frage nach der Unsterblichkeit) aber nun dem Menschen wesentlich? Ist sie unabdingbar? Nein".[8]

Auf die Antwort Heers hab' ich recht lange warten müssen. Friedrich Heer, der bekannte Kulturphilosoph aus Wien und Freund Reinhold Schneiders, kam auf diese Frage Szczesnys erst in seinem letzten Brief an seinen kritischen Freund zurück. Dort formuliert er pointiert und eindeutig:

„Hier stelle ich mich Ihrer wichtigsten und größten Frage und wiederhole sie noch einmal: Welche humanisierende Bedeutung soll das Ewige Leben für Menschen haben, die die Unsterblichkeit des Individuums weder für glaubwürdig halten, noch ersehnen?"

Antwort: der Christ hat die Aufgabe, eben diese humanisierende Bedeutung des Ewigen Lebens durch sein eigenes Leben, durch seine Präsenz, seinen nichtchristlichen Brüdern darzustellen."[9]

Soweit das Zitat von Friedrich Heer, der sicherlich dabei auch das Engagement und Zeugnis Reinhold Schneiders, besonders in der Zeit des Nationalsozialismus und sein Eintreten für einen konsequenten Pazifismus in den Jahren der Aufrüstung in Ost und West, mit im Blick hatte.[10] Schneider, der aktiv für den Frieden eintrat und dafür selbst Anklagen und

---

[7] Beispielsweise Eugen Drewermann/Eugen Biser "Welches Credo?", Herder, Freiburg-Basel-Wien, 1994, S. 185/ "Widerruf oder Vollendung", Herder, Freiburg-Basel-Wien, 1981, S. 95/ Wolfgang Schneider „Die Herzenswunde Gottes", LIT, Berlin 2008, S. 122 ff

[8] Reinhold Schneider „Winter in Wien", Herder, Freiburg-Basel-Wien, 1958, S.93

[9] Friedrich Heer / Gerhard Szczesny „Glaube und Unglaube", Paul List Verlag München, 1959, S. 130

[10] Beispielsweise "Über den 'Fall Reinhold Schneider'", herausgegeben von Ekkehard Blattmann/Klaus Mönig, Katholische Akademie Freiburg, Verlag Schnell & Steiner München-Zürich, 1990

Verleumdungen hinnehmen musste, berichtete in seinem letzten Werk im Winter 1957/58 von einem Besuch bei Friedrich Heer in Wien.[11]

Szczesny - als bekennender Atheist – formulierte seine Sicht auf das Christentum in einer Art und Weise, die der Antwort Heers nicht unähnlich ist:

„Das Christentum hat nur dann eine Chance, die kommenden Jahrzehnte und Jahrhunderte zu überleben, wenn es bereit ist, mit allen anderen, alten und neuen, das Ganze der Welt und des Daseins ins Auge fassenden Glaubensentwürfen eine universale Front gegen jene Mächte zu bilden, die unser Leben auf Funktionalität, Produktivität und Kollektivität reduzieren wollen."[12]

Mir scheint, dass diese Aussage exakt jene Aufgaben und Herausforderungen beschreibt, denen sich die Kirche – heute mehr denn je - gegenübersieht bzw. denen gegenüber sie ihren Auftrag zu erfüllen hat. Vielleicht bedarf es – auch heute – solch einer weit- und hellsichtigen Klarheit eines konsequenten Religionskritikers, damit wir der buchstäblichen Notwendigkeit des Glaubens ansichtig werden.

II.   „Fels des Atheismus"?

Die Fragen des Leides, der Not und des Todes gehören ganz sicher zum „Felsen des Atheismus" (Büchner).[13] Wie kann man als gläubiger Mensch damit „in intellektueller Redlichkeit" (Karl Rahner)[14] umgehen? Denn man wird zugeben müssen, dass die vielfältigen Fragen von Leid, Not und Tod den Glauben an den ‚lieben' Gott zumindest stark irritieren. Einen ersten

---

[11] Anm. 3, „Winter in Wien", S.36

[12] Vgl. Anm. 1 „Glaube und Unglaube", Gerhard Szczesny auf S. 27

[13] Vgl. hierzu auch Ralf Miggelbrink in „Ekstatische Gottesliebe im tätigen Welt-bezug", Altenberge 1989, S. 282 und Wolfgang Schneider „Die Herzenswunde Gottes" , LIT, Berlin 2008, S.114 ff

[14] Vgl. Karl Rahner „Grundkurs des Glaubens", Herder, Freiburg-Basel-Wien, 1984, S.6

Hinweis auf diese, so genannte Theodizeefrage, können wir einem Brief Karl Rahners entnehmen:

„Es ist doch eigentlich so, dass der Atheist, für den dieses Leid eine absolut unlösbare Endgültigkeit hat, dieses Leid gerade als letztlich belanglos, als endlich, als eine Unvermeidlichkeit einer sich entwickelnden und sich immer wieder aufs Neue in ihren Gestalten auflösenden Natur erklären muss. Der Atheist hat das geringste Recht, dieses Leid der Welt besonders wichtig zu nehmen. Ein Mensch, der glaubt, dass Gott existiert als ein heiliger, gerechter, liebender, unendlich mächtiger Gott, für den ist eigentlich das Leid erst ein wahres Problem. Er löst es dann nicht, aber er kann wirklich einsehen, dass gerade er von seiner Position her viel radikaler dieses Leid als Frage ernst nehmen kann als ein Atheist, der im Grunde genommen von vornherein sich mit der Absurdität dieser Welt, dieser Naturentwicklung, dieses Aufgehens und Abstürzens zufrieden geben muss."[15]

Heiner Geissler denkt viele theologische Antwortversuche auf die Frage, wie Gott, Leid und Tod zusammen gehen (können) konsequent durch und schreibt dann in seinem jüngsten Buch *"Kann man noch Christ sein, wenn man an Gott zweifeln muss?"*[16]

„Es gibt das plausible Argument von Dostojewski und Kant, Gott sei das Postulat der praktischen Vernunft. Aber selbst die Vorstellung dieses Gottes kann nicht in Übereinstimmung gebracht werden mit dem millionenfachen Unrecht, dem Hungertod, den Leiden und den Schmerzen der Menschen und der seit Tausenden Jahren praktizierten Gewaltanwendung der Stärkeren gegen die Schwachen, der Mächtigen gegen die weniger Mächtigen. Aber noch etwas steht mit Sicherheit fest: Den Gott, wie ihn die Theologie der christlichen Kirchen beschreibt, kann es nicht geben...Der Glaube an diesen Gott gibt uns keine Antwort, welchen Sinn das Leiden auf

---

[15] „Mein Problem – Karl Rahner antwortet jungen Menschen", Herder, Freiburg-Basel-Wien, 1982, S.134

[16] Heiner Geißler „Kann man noch Christ sein, wenn man an Gott zweifeln muss?" – Ullstein, Berlin 2017

der Erde hat. Wir müssen also mit der Sinnlosigkeit des Leidens leben. Wir haben als Christen keine bessere Sinndeutung des Leidens in der Welt als jeder andere auch. Deswegen wird das Leiden für viele immer mehr zum <<Fels des Atheismus>>."[17]

Dieser Herausforderung können wir nicht entlaufen; auch und gerade dann nicht, wenn es um die Glaubensweitergabe geht, um die kritischen (Nach) Fragen der Kinder und Enkel, der Freunde, Bekannten und Nachbarn. Ich möchte von daher noch eine gläubige Stimme zu dieser Frage beibringen, die dieser Herausforderung auch sprachlich eine Form gibt, die jedes Achselzucken und leichtfertige Antwortversuche ad absurdum führt:

„Der suchende Mensch, der simpel oder gelehrt philosophiert, kann sich nie bis zu dem Satz vortasten: Gott ist die Liebe. Gegen diesen Satz erhebt die Welt, wie sie nun einmal aussieht, kategorischen Einspruch...Es sei denn, der Mensch ziehe es vor...aus eigener heroischer Kraft sich mitten in der zerreißenden Existenz aufzuschwingen, wie Nietzsche, zur Bejahung der Welt, wie sie ist: Ja und Amen in alle Ewigkeit zu diesem wieder-käuenden Ungeheuer, diesem Willen zur Macht. Er sehe aber zu, dass er keines der Konzentrationslager aus dieser Bejahung ausklammere. Er mag es versuchen und zusehen, ob er dabei seine heilen Sinne behalten kann."[18]

Behutsam nimmt uns Karl Rahner angesichts dieser realen Anfechtung mit auf den Weg auf der Suche nach Antwort, die eine aufgehende, allseits befriedigende Lösung sich von selber verbietet. Weil Karl Rahner diese Frage in einer Tiefe aufnimmt, die die Antwort in gewisser Weise schon ‚mitbringt', soll er ausführlich zu Wort kommen. Seine Aussagen zu dieser – für den Glauben lebenswichtigen – Frage haben an Aktualität und theologischer Brisanz nichts eingebüßt, ganz im Gegenteil, sie werden immer relevanter, ja unentbehrlich, wenn es um „Glaubensrechenschaft in intellektueller Redlichkeit" geht:

---

[17] Ebenda, S. 67-69

[18] Hans Urs von Balthasar „Klarstellungen", Herder, Freiburg-Basel-Wien, 1971, S.37

„Zwar ist mit diesem Wort Gott schon unsagbar viel Missbrauch getrieben worden. Zwar ist dieses Wort das am wenigsten begreifliche. Sein wirklicher Inhalt als des unsagbaren Geheimnisses, durch das der Mensch immer überfordert wird, das er nie in das Kalkül seines Lebens als einen fixen Posten einsetzen kann, muss immer neu durch alle Höhen und Abgründe der menschlichen Erfahrung hindurch erahnt und erlitten werden...Wo aber der Mensch in einer letzten Hoffnung sich bedingungslos dem wahren Gott über alle kalkulierbaren Einzelwirklichkeiten hinaus übergibt, da kommt er wirklich in seine letzte Freiheit hinein, die von Gott selbst erfüllt ist und auch dann schon eine geheime Seligkeit in sich trägt, wenn wir verzweifelt mit uns und dieser Welt nicht mehr fertig werden... Diese Botschaft muss im Leben ohne Rückversicherung gewagt werden, dann zeigt sie, dass sie trägt und befreit...Nur wenn wir es fertigbringen, zu begreifen und zu leben, dass Gott nicht unsere langsam als solche durchschaute Projektion, sondern wir selbst die in Eigenstand und Freiheit gesetzte Projektion Gottes sind, nur wenn uns dies gelingt, indem wir arglos und vertrauend entdecken, dass insgeheim unser Erstes und Letztes in uns immer schon so denkt und lebt und man sich darum auch in Freiheit darauf einlassen kann, erfahren wir die befreiende und seligmachende Macht der Botschaft vom lebendigen Gott, von seiner erlösenden Gnade, von seiner Vergebung und von seiner uns vergöttlichenden Liebe, die keine Frage mehr stellt, weil sie selbst die eine Antwort ist. Ein zweites muss in der Kirche ...verkündet werden: Jesus...der Glaube, dass in der Geschichte unseres Lebens und der Welt in ihm die absolute Selbstzusage Gottes als des uns befreienden Lebens für uns greifbar und für immer festgemacht ist, in ihm, dem in den Tod Gegebenen und endgültig von Gott Angenommenen und Lebenden.“ [19]

An anderer Stelle äußert sich Karl Rahner in ähnlicher Art und Weise:

„Vielmehr gibt die Frage nach einem absoluten Sinn, wenn sie wirklich angenommen wird und sie sich selber bis zum letzten aussprechen darf, die Existenz eines absoluten Sinnes als wirklichen und somit die Existenz

---

[19] Karl Rahner „Strukturwandel der Kirche als Aufgabe und Chance“, Herder-Freiburg-Basel-Wien 1972, S. 92ff

Gottes selber her...die totale Sinnfrage enthält, wenn sie nicht verleugnet wird und sich ganz ausreden darf, ihre Antwort in sich selber. Sie sagt darum mit ihrer Antwort ursprünglich und durch sich selbst, was eigentlich mit Gott gemeint ist. Darum ist auch dort schon eine Erkenntnis Gottes gegeben und mitvollzogen, wo die Sinnfrage als sinnvolle und sich selbst beantwortende im konkreten Vollzug des menschlichen Lebens mit seinen Gewissensentscheidungen angenommen wird, auch wenn ein solcher Mensch den Eindruck hat, er könne mit dem Wort <<Gott>> und selbst mit den Worten <<absoluter Sinn>> und Ähnlichem nichts anfangen. Auch der gerät in der Konkretheit seines Lebens mit seiner unerbittlichen Verantwortung vor die Frage, ob es einen letzten Sinn gebe, auch er beantwortet sie mit Ja oder Nein und vollzieht so eine letzte Stellungnahme gegenüber Gott und seiner Unbegreiflichkeit....darum ist, wenn diese Überlegungen nicht bloß von menschlichem Geschwätz allein erfüllt waren, eigentlich ein Geschehen gegeben, in dem sich, vielleicht stotternd und dunkel, aber doch auch hörbar, die äußerste Verheißung und Verantwortung zu Wort gemeldet haben." [20]

Rahner war sich stets bewusst, dass Gottesfrage und Gotteserfahrung den Einsatz des ganzen Menschen fordern. Dies ist deshalb keine Überforderung, weil es die personale Zuwendung Gottes selber ist, die diesen Akt, den wir Gebet nennen, trägt:

"Ich rufe dich an. Die letzte Kraft meines Herzens greift nach dir. Lass mich dich finden, dir begegnen in meinem ganzen Leben, damit langsam mir auch verständlich wird, was die Kirche mir von dir sagt. Es gibt nur zwei letzte Worte: Gott und Mensch, ein einziges Geheimnis, in das ich mich völlig, hoffend und liebend, ergebe. Dieses Mysterium ist ja in seiner Zwiefalt wahrhaft eines, es ist eins in dir, Jesus Christus. Zu dir sage ich, meine Hand in deine Wunde legend, mit dem zweifelnd fragenden Thomas: 'Mein Herr und mein Gott'. Amen." [21]

---

[20] Karl Rahner „Bilanz des Glaubens", dtv, München 1985, S.104 f

Ganz ähnlich und weiterführend argumentiert Eugen Drewermann in seinen „Strukturen des Bösen"[22], wenn und indem er in Bezug auf diese Aussage – dass das „unsagbare Geheimnis", ohne das wir als Menschen nicht sein können und dass uns dennoch immer wieder auch überfordert und dass „immer neu durch alle Höhen und Abgründe der menschlichen Erfahrung hindurch erahnt und erlitten werden" muss – nachweist, dass dieses Geheimnis keine Fata Morgana unserer Wünsche und Sehnsüchte ist bzw. sein kann.

"... es kommt alles, buchstäblich alles darauf an, dass die Vorstellungen auf etwas Reales hinweisen, von dem her sie sich selbst begründen... sinnvoll sind die Symbole des Hoffens und Sehnens erst, wenn sie als Bilder verstanden werden, die Gott selbst in die menschliche Seele hineingelegt hat, um sich darin zu offenbaren...Nur wenn der Mensch sein eigenes Sehnen und Fühlen als einen Reflex dessen verstehen kann, was Gott selber in ihn hineingelegt hat, kann er es vermeiden, seine tiefsten Leidenschaften und Hoffnungen für sinnlose Chimären zu halten" [23]

Drewermann weist in vielen Passagen seines umfangreichen Werkes auch immer wieder darauf hin: Wenn es um Gott geht, geht es buchstäblich um „Alles oder Nichts":

"In jeder Frage Gottes an den Menschen geht es um ...Alles oder Nichts. Nur die Fragen sind von Gott, die sich uns unabweisbar immer wieder stellen...immer aber mit dem Anspruch letzter Entschiedenheit und Entschlossenheit. Nur wer sich ganz herausgefordert fühlt, spürt Gottes Frage an sich selbst im eigenen Leben und fragt mit seinem eigenen Leben selbst nach Gott." [24]

---

[21] aus "Beten mit Karl Rahner", Herder, Freiburg-Basel-Wien 2004, Jubiläumsausgabe, Band 2, "Gebete des Lebens", S. 94

[22] „Strukturen des Bösen" von Eugen Drewermann, Band I-III, Ferdinand Schöningh, Paderborn, München, Wien, Zürich, 1988

[23] Ebenda, II, S. XXVIIf

[24] Eugen Drewermann "Worte für ein unentdecktes Land", herausgegeben und eingeleitet von Karin Walter, Herder, Freiburg-Basel-Wien, 1990/1999, S. 126f (entnommen aus Drewermann "Das Markusevangelium, Zweiter Teil, 218)

"Wenn jemand verzweifelt ist, fragt er sich, warum er überhaupt lebt; wenn jemand gelangweilt ist, fragt er sich, was für einen Sinn sein Leben haben soll. Nur wenn wir sehr glücklich sind, stellen sich derartige Fragen scheinbar gar nicht mehr, sondern beantworten sich von innen her wie von selbst, durch ein Gefühl der Sicherheit und Geborgenheit im Dasein."[25]

Karl Rahner gibt weiter zu bedenken:

„Muss der Gedanke ‚Gott' uns immer trösten, oder ist diese Forderung nicht schon eine Verzerrung des Gedankens ‚Gott', der gerade erst dann richtig gedacht wird, wenn er nicht in das Netz unserer eigenen Bedürfnisse eingefangen wird? ‚Geht die Rechnung eines Menschenlebens mit Gott auf?' So wird in dieser trostlosen Stimmung gefragt. Aber soll die Rechnung denn für uns eigentlich ‚aufgehen', wenn sie doch in die Unbegreiflichkeit Gottes eingehen soll und nur in diesem lassenden Eingehen unserer Lebensrechnung in die Unbegreiflichkeit überhaupt verstanden wird, was mit Gott gemeint ist? ... Kann man in der Wirklichkeit der menschlichen Existenz an solcher Unbegreiflichkeit gleichgültig vorbeisehen, wenn sie uns von überall her anblickt? Schon da zeigt sich, dass der Versuch, im Leben Atheist zu sein, nicht in der Feststellung besteht, dass es so etwas wie Gott nicht gäbe, sondern die Erklärung ist, man wolle oder könne nichts zu tun haben mit dem Einen und Ganzen als solchem im Grunde aller Wirklichkeit..."[26]

Fehlen darf an dieser Stelle auch nicht die gewichtige Antwort des Glaubens, wie sie wiederum Eugen Drewermann formuliert angesichts positivistischer Reduktionsversuche eines ungehemmten Materialismus, der oft noch in einem pseudowissenschaftlichen ‚Mäntelchen' daherkommt. Er hat – gerade im 20. Jahrhundert – so unermesslich viel Leid über die Menschheit gebracht, weil politische Führer an die Stelle von Gott „Blut und Boden", Rassenwahn und Klassenkampf postuliert haben. Und auch heute ist der ungebremste Konsumismus sehr geschickt dabei – nicht nur

---

[25] Ebenda, S. 105 (entnommen aus "Das Markusevangelium, Zweiter Teil, 285f.)

[26] Karl Rahner/Karl Heinz Weger „Was sollen wir noch glauben?", Herder, Freiburg-Basel-Wien, 1979, S. 56 f

die Ressourcen der Erde permanent zu überdehnen – sondern den Menschen ausschließlich nach Nutzen und Kosten zu taxieren.

„Wer zu der Überzeugung kommt, dass individuelles Leben an sich nicht wichtig ist…wer den Biologismus in die Sozialbetrachtung und die Umgangsweisen mit Menschen einführt, der braucht im Grunde keinen Gott. Er wird aber dessen geständig sein müssen, dass die Anschauung, die er vertritt, sich weit entfernt von dem, was wir kulturell als menschlich bezeichnen. Was er betreibt, ist der Rückfall in die Barbarei, mit zivilisierten Mitteln vielleicht, aber unterhalb des Menschseins…Die Sprache hat sich ergeben durch die Fähigkeit, miteinander zu kommunizieren, und etwas ganz Wunderbares ergibt sich daraus: Wir können uns anreden als Individuen…Personsein ist überhaupt kein Vorgang, der in einem individuellen Gehirn zustande käme, sondern der sich zwischen den Gehirnen austauscht, vermittels von Sprache. Person entsteht, indem ein Individuum ein anderes anredet als unverwechselbar, mit einem eigenen Namen… Jedes Kind wird auf diese Weise groß und einzig dieser Weg führt dahin, sich als eine individuelle Person zu erleben…Von da an beginnen all die Fragen, auf welche die Natur keine Antworten mehr hat. Sie führen dahin, dass wir uns eine Macht vorstellen, die selber Person ist und die von Anfang an mit uns geredet hätte. " [27]

Dort, wo die Grundeinsicht des Person-Seins Gottes als Voraussetzung der Unbedingtheit der Würde menschlichen Lebens in Frage steht oder in' s Wanken zu geraten scheint angesichts massiver Nöte und Fragen, hilft mir die klare und nachdrückliche Aussage Hans Urs von Balthasars immer wieder, die Orientierung bei zu behalten:

„Nur wo Gott Person ist, wird der Mensch als Person ernst genommen… Man kann sich einbilden, für die Menschenwürde eintreten zu können, ohne an Gottes Person zu glauben…Die Logik der Geschichte wird die aber so verabsolutierten Personen doch wieder existentialistisch oder

---

[27] Eugen Drewermann „Wir glauben, weil wir lieben", Patmos, Ostfildern 2010, S. 161 f

kollektivistisch nivellieren. Zu Futter für Kanonen und Experimente, zu Dünger für die Evolution." [28]

III.   Die agnostische Grundbefindlichkeit unserer Zeit

Viel gefährlicher allerdings als sämtliche Anfragen an die Religion, mit denen sie sich nach Kräften auseinandersetzen, deren berechtigte Anliegen sie aufgreifen muss, um sich immer wieder neu auf ihre ureigenen Anliegen: – Glaube, Hoffnung und Liebe – zu besinnen, ist der gänzliche Ausfall der Frage nach sich selbst, nach dem Ganzen und damit nach Gott. Denn: Was fragwürdig ist, ist (zumindest) der Frage würdig. Und so erweist auch die sublimste Religionskritik der Religion einen durchaus nicht unwichtigen Dienst, indem sie die Frage der Religion thematisiert und in der Gesellschaft wachhält. Sie kann beitragen zu besserem und tieferem Verstehen religiöser Anliegen, indem sie die Religion auffordert, ihr Profil zu schärfen, damit ihr Eigentliches, damit Sinn und Ziel religiösen Lebens und religiöser Weltdeutung, klarer hervortreten.

Was aber – nochmals – wenn diese Frage, die Frage nach einem letzten Sinn, Halt und Ziel komplett, ersatzlos ausfällt?

„Der Mensch hätte das Ganze und seinen Grund vergessen, und zugleich vergessen – wenn man das noch so sagen könnte – dass er vergessen hat. Was wäre dann? Wir können nur sagen: Er würde aufhören, ein Mensch zu sein. Er hätte sich zurückgekreuzt zum findigen Tier...Der absolute, selbst seine Vergangenheit tilgende Tod des Wortes ‚Gott' wäre das von niemandem mehr gehörte Signal, dass der Mensch selbst gestorben ist. Es wäre ja vielleicht – wie schon gesagt – ein solcher kollektiver Tod denkbar. Das brauchte nicht außergewöhnlicher zu sein als der individuelle Tod des Menschen und des Sünders. Wo keine Frage mehr wäre...brauchte man natürlich auch keine Antwort mehr zu geben." [29]

---

[28] Hans Urs von Balthasar „Klarstellungen", Herder, Freiburg-Basel-Wien, 1971, S.38f

[29] Karl Rahner, „Grundkurs des Glaubens", Herder, Freiburg-Basel-Wien, 1984, S.58

So zunächst Karl Rahner, dessen Analyse ergänzt wird durch eine Frage von Reinhold Schneider, deren Bildwort er dem Evangelium Jesu entnommen hat:

„'Sie haben keinen Wein mehr': damit beginnt das Evangelium. Wie aber steht es mit denen, die nicht geladen wurden zur Hochzeit? Immer schmaler wird die Tafel des Bräutigams, immer breiter werden die Tische, an denen niemand nach Wundern verlangt.“ [30]

Schneider verwendet ein verstörendes Bild: Vergleichbar mit den erlesensten Speisen und den köstlichsten Getränken sind Wunsch, Sehnsucht, Hoffnung und Glaube an eine unverbrüchliche Liebe, die grenzenlos ist. Und nun dies: Offensichtlich ist niemand da, der die Einladung annimmt oder – ebenfalls verstörend – diese Einladung gilt, aber nicht für alle. Ohne Bild gesprochen: Gott handelt nach Belieben, bei ihm gilt reine Willkür, er ist weder gerecht, geschweige barmherzig. Könnte die Irritation größer sein? Eine Einladung zum Leben, die nicht für alle gilt? Ein Gott, der vielleicht doch auf der Seite der „stärkeren Bataillone“ steht? Menschen, die bei Sinn und Verstand oder – um es korrekt zu sagen – die bei freiem Willen und vollem Bewusstsein die schönsten Verheißungen einfach ignorieren? Eine Einladung zum „Leben in Fülle“, die von den Eingeladenen nicht angenommen wird? Was ist es mit und um den Menschen, wenn der „Geschmack am Unendlichen“ tatsächlich einmal abhanden gekommen ist oder wenn er abhanden zu kommen droht? Was, wenn alles mit einem totalen skeptischen Vorbehalt versehen wird? „Man weiß ja nie.“ Oder: „Was kann man denn schon sicher wissen?“ – „Also ist es besser, sich nicht festzulegen, sich nicht zu entscheiden. Dann macht man nämlich auch nichts falsch.“

Oder man macht alles falsch, denn

„Kann es die skeptische Abstinenz einer Entscheidung zwischen Theismus und Atheismus auf die Dauer weiterbringen als zu einem Leben von

---

[30] Reinhold Schneider „Winter in Wien", Herder, Freiburg-Basel-Wien, 1958, S.71

Banalität, das ängstlich den letzten großen Fragen des Daseins als einem und ganzen ausweicht?"[31]

Ich halte – wie schon erwähnt – den Ausfall des Transzendenzbezuges[32] des Menschen für weitaus gefährlicher für den Menschen als alle Fragen der Religionskritik. Weil der Mensch wesentlich ein religiöser Mensch ist, einer, der nach sich und dem Sinn des Ganzen fragt. Einer, der eine personale Zusage braucht, die unbedingt gilt, die durch nichts und niemanden in Frage gestellt werden kann. Diese Zusage, dieses tröstende und rettende Wort unbedingter Liebe und Zuwendung braucht und sucht jeder Mensch – auch wenn er sich es sich nicht einzugestehen wagt, auch wenn er sich der Tiefendimension seiner Hoffnungen, Fragen und Sehnsüchte nicht oder nicht immer bewusst ist, sie gar verdrängt oder ängstlich ignoriert.

Wenn Menschen allerdings tatsächlich überhaupt nicht mehr danach suchen, wenn sie das Wort wirklich gänzlich nicht (mehr) vernehmen

---

[31] Karl Rahner in „Was sollen wir noch glauben?", Rahner/Weger, Herder, Freiburg-Basel-Wien, 1979, S. 62. Interessant ist in diesem Zusammenhang auch die ‚Konvergenz' mit dem zutiefst humanistischen Anliegen, das in den Werken von *Albert Camus* immer wieder den eigentlichen ‚Markenkern' abgibt, ohne dass die Aporien aufgelöst würden. In seiner Studie „Die Herzenswunde Gottes" (LIT, Berlin, 2008) schreibt Wolfgang Schneider zur Position von Albert Camus, auf dessen eigene Stellungnahme er immer wieder konkret Bezug nimmt: „Für Camus ist die Schwäche des Menschen offensichtlich und sein Denken angreifbar, doch das Handeln vieler zeigt, ‚dass er besser ist als seine Predigt.' <<Alle Leute sind so...sie müssen nur die Gelegenheit dazu haben.>>. An exemplarischen Gestalten zeigt Camus, wie viele, denen nun die Gelegenheit geliefert wird, diese ergreifen und sich als menschliche Menschen und der Herausforderung dieser Welt als gewachsen erweisen. Doch die Frage bleibt, wenn man sich denn nicht im Beliebigen eingerichtet hat oder der Abstumpfung überlässt: ‚Kann man ohne Gott ein Heiliger sein, das ist das einzig wirkliche Problem, das ich heute kenne.'" (122)

„Wie will Camus auf Dauer, was doch seiner eigenen Absicht entspricht, Menschen ermutigen und befähigen, in dieser Situation auszuhalten und sich für die Kinder, die unschuldig Leidenden einzusetzen, wenn er keine Hoffnung, nicht einmal eine Hoffnungsoption eröffnen kann? Diese Antwort bleibt Albert Camus schuldig, obwohl er doch in einem Interview über seinen Roman („Die Pest", Anm. RH) gesagt hat: , Was mich interessiert, ist, zu wissen, wie man sich verhalten kann, wenn man weder an Gott noch an die Vernunft glaubt?'" (121)

[32] Vgl. hierzu auch Karl Rahner „Sehnsucht nach dem geheimnisvollen Gott", herausgegeben von Herbert Vorgrimler, Freiburg-Basel-Wien, 1990, S. 39

können, das sie unbedingt brauchen und von dem sie wissen, dass sie selber es sich nicht geben und sagen können, wenn es verwechselt wird mit endlichen, begrenzten und versagenden, scheiternden Versprechen – dann ist es wirklich um den Menschen als Menschen geschehen. Wenn diese Zeitdiagnose nur einen Schein von Wahrscheinlichkeit für sich hat, dann ist die Aufgabe von Glaube und Kirche, von Religion und interreligiösem Dialog in ihrer Relevanz kaum zu überschätzen. Dann wächst deren Bedeutung angesichts eines totalitären Positivismus', der diese Fragen nicht zulässt oder als unzulässig erklärt, auch und gerade dann, wenn soziologische Studien darauf aufmerksam machen[33], dass wir in Westeuropa in einer weitgehend bzw. fast vollständig säkularisierten Welt leben.

„Mit alledem zeigen sich uns nun jene Haltungen, die wir einem in sich beruhigten Agnostizismus entgegensetzen müssen, weil nur sie der Unausweichlichkeit der Gottesfrage gemäß sind: Wachheit für die tieferen Dimensionen des Wirklichen; Fragen nach dem Ganzen unserer menschlichen Existenz und der Wirklichkeit überhaupt; Demut vor der Größe der Wahrheit und Bereitschaft, sich von und für sie reinigen zu lassen.“ [34]

Hier sind übrigens Eugen Drewermann und Papst Benedikt (Ratzinger) sich sehr nahe, denn auch Drewermann konstatiert:

„Wie nötig wäre Religion! Wer, wenn nicht sie, könnte den Menschen sagen, dass sie mehr sind als Übergangsgebilde im Stoffwechselhaushalt der Natur.“ [35]

Die Existenz von Humanisten – und Freidenkervereinen und auch die Erfahrungen im Interreligiösen Dialog zeigen allerdings unübersehbar, dass die Zeiten vorbei sind, wo Religion einfach ignoriert wurde. Das allein ist schon ein hoffnungsvolles Zeichen[36]; es war nicht zuletzt Karl Rahner, der

---

[33] Vgl. die allseits bekannten Ergebnisse der Sinus-Milieu-Studie

[34] Joseph Kardinal Ratzinger, Auf Christus schauen. Einübung in Glaube, Hoffnung und Liebe, Freiburg i.Br. 1989, S.24f

[35] Eugen Drewermann „Wendepunkte", Ostfildern, 2014, S. 9

im „bekümmerten Atheisten" [37]einen, ja vielleicht d e n Dialogpartner des gläubigen Menschen sah. Und auch Papst Benedikt hat vielfach versucht, die „Ungewissheit im Unglauben" und „die Ungewissheit im Glauben" zu verdeutlichen.[38] Mit klaren Worten hat er den Dienst herausgestellt, den Religionskritik leistet: Glaube hat auch mit Vernunft zu tun, ist also nicht unvernünftig und muss sich deshalb auch rationalen Anfragen stellen.

Dem schließt sich aus gutem Grund ein Hinweis auf ein Werk an, dass gerade auch bei diesen Fragen Entscheidendes zu sagen hat und das nach meinem Eindruck Gefahr läuft, in Vergessenheit zu geraten. Es ist das Grundlagenwerk Eugen Drewermanns *„Strukturen des Bösen"*, ein Werk, das dadurch besticht, dass es die grundlegenden Fragen der Moderne aufgreift und deutlich macht, wo Grenzen jeglicher Anthropologie liegen.

Es sind die wesentlichen Einsichten dieses Werkes, die es in Gesprächen mit Atheisten und Agnostikern fruchtbar zu machen gilt, weil sie eines unmissverständlich zum Ausdruck bringen: *„Leben gibt es nur im Glauben"[39]*. Mit großer innerer Kohärenz erläutert Drewermann in seinem „Erstling" die Situation des Menschen, die ihn unweigerlich vor die Alternative: Glaube – Unglaube stellt.

„Sobald der Mensch seiner selbst bewusst wird, sobald er überhaupt in eigentlichem Sinn zum Menschen wird, stößt er in voller Härte auf das Faktum seiner Kontingenz, seiner Nicht – Notwendigkeit, seiner Über-flüssigkeit. In eins damit entdeckt er, dass ihm der Sinn seines Lebens nicht nach der Weise einer instinktiven Festgelegtheit vorgegeben ist, und auch

---

[36] Vgl. auch Carlo Maria Martini-Umberto Eco „Woran glaubt, wer nicht glaubt?, Paul Zsolnay-Verlag, Wien, 1998

[37] Vgl. Karl Rahner „Rechenschaft des Glaubens", Herder, Freiburg-Basel-Wien, 1979, S. 131ff

[38] Josef Kardinal Ratzinger „Ich glaube", St. Benno – Verlag Leipzig, 1979, S. 23 „Mit einem Wort – es gibt keine Flucht aus dem Dilemma des Menschseins. Wer der Ungewissheit des Glaubens entfliehen will, wird die Ungewissheit des Unglaubens erfahren müssen, der seinerseits doch nie endgültig gewiss sagen kann, ob nicht doch der Glaube Wahrheit enthält."

[39] „Strukturen des Bösen" von Eugen Drewermann, Band I-III, Ferdinand Schöningh, Paderborn, München, Wien, Zürich, 1988, hier III, S. XLI

das beunruhigt ihn zutiefst: seine Freiheit schließt die Möglichkeit ein, sich selbst vollkommen zu verfehlen; und beides: die Angst vor der Kontingenz seines Daseins und die Angst seiner Freiheit, die Angst vor der Nichtigkeit und die Angst vor der Sinnlosigkeit bedingen sich gegenseitig: das Wissen um die Tatsache, sterben zu müssen, wäre nicht ängstigend und aufwühlend, bestünde nicht stets die Möglichkeit, angesichts des drohenden Todes auf ein Leben zurückblicken zu müssen, das unwiderrufbar verfehlt und leer ist. Furchtbar ist nicht der Tod an sich, furchtbar ist der Tod, wenn er die Tatsache besiegelt, eigentlich (noch) gar nicht wirklich gelebt zu haben. Aber gerade die Angst vor dieser Möglichkeit führt wie nichts anderes dazu, als Mensch sein Maß zu verlieren und die Mechanik der Neurosenpsychologie auf den Plan zu rufen...Wollte man dem Menschen nach einer nur äußerlichen Angsttheorie die Möglichkeit zur Angst nehmen, so müsste man ihm letztlich das Kostbarste nehmen, was er als Mensch besitzt: sein Bewusstsein und seine Freiheit. Ein Mensch ohne Angst wäre kein Mensch mehr.“ [40]

Drewermann spricht an dieser Stelle davon, dass die Psychoanalyse – und im Kontext dieses Denkens ist es nur konsequent, dies auf die gesamte Anthropologie auszuweiten – dringend der „Einsicht der Theologie" bedarf. Und um welche *Einsicht* handelt es sich konkret? Es geht um die *„Erbsündenlehre"*, darum

„mit ihrer Hilfe zu zeigen, wie die Angst im Ursprung eines Daseins ohne Gott sich in den einzelnen Formen der Neurose auslegt...Ohne Gott, rein immanent, ist das Bewusstsein in der Angst des Daseins notgedrungen pathogen, und es ist nur die Frage, ob man den Menschen dazu oder davon erlösen will, ein Mensch zu sein.“ [41]

„Eben deshalb ist uns die Analyse der Angst so wichtig: die Angst ist die einzige Macht, die den Menschen hindert, sich etwas vorzumachen und sich mit etwas zu beruhigen, das nicht Gott ist. [42] *“*

---

[40] Ebenda, S. LXXIX

[41] Ebenda, S. LXXX

Drewermann bekennt sich unmissverständlich zur Personalität Gottes als unabdingbare Voraussetzung für den Menschen, sich vorbehaltlos anzunehmen:

„In aller Klarheit: wenn von Gott nicht als einer vom menschlichen Du, vom menschlichen Geist und von der menschlichen Psyche verschiedenen Person die Rede ist, wird man in der Beschreibung der Störquellen und Störmechanismen der zwischenmenschlichen Beziehungen nicht über die Neurosenlehre, die Existentialanalyse oder den dialektischen Materialismus hinauskommen...“[43]

„Eine Philosophie indes, die Gott nicht als Person voraussetzt, kann den Menschen in der Grenzenlosigkeit seiner Angst nur so nehmen, wie er faktisch erscheint, und so wird sie... erklären müssen, dass es zum Menschen notwendig gehöre, schuldig zu werden... erst von Gott her könnte der Mensch frei sein auch gegenüber seiner Angst...“[44]

Das führt dann allerdings auch zu Aussagen, die nicht nur jeden philosophischen, sondern auch jeden politischen Horizont überschreiten, wenn Drewermann resümierend feststellt:

„...man müsste dann der Bergpredigt zustimmen, dass es letztlich keinen Sinn hat, dem Bösen mit Gewalt zu widerstehen... Dann ist der Sinn, das Ziel der Religion unschwer verstehbar, wenn sie sagt, einzig ein Glaube, der die Angst besiege, sei imstande, den Menschen, der vom Bösen krank sei, von der Wurzel her zu heilen.“[45]

So stellt Eugen Drewermann durch sein gesamtes Werk hindurch eine einzige Frage an den Menschen von heute und morgen: *„Wie aber kann er denn leben ohne Gott?“*[46] Mit dieser Frage, die Drewermann von

---

[42] Ebenda, S. LVII

[43] Ebenda, S. 577
[44] Ebenda, S. LVII f

[45] Ebenda, S. LXXXIII

Dostojewski „entliehen" hat, kommt er zum Kern all seiner theologischen Bemühungen wenn er analysiert:

„Für einen Menschen jedenfalls, der sich seiner Lage in der Welt bewusst wird, ist die Frage nach dem Grund des Daseins unvermeidbar...wenn er sie mit der nötigen geistigen Konsequenz reflektiert und sich nicht in die Scheinberuhigung einer freiwilligen Denkverweigerung flüchtet."[47]

Entscheidend ist die Einsicht in das Ungenügen jeglicher anthropologischer Wissenschaften, wenn es um das Ganze menschlicher Existenz geht: *„Ich selbst habe Dostojewski wiedergefunden, als ich endgültig nicht weiterwusste... das ... Sprechen von Gott in der Kirche und das gottlose Sprechen von der Seele des Menschen in der Psychoanalyse FREUDscher Herkunft wollte und sollte zu einer sinnvollen Vermittlung zueinander nicht finden."*[48]

Drewermann beschreibt eindringlich die „Alternative" zum Glauben, z.B. bei Camus mit den Worten: *„Er hat den Glauben an Gott als eine Flucht vor der Evidenz der menschlichen Absurdität selber gekennzeichnet."*[49]

In seiner Wertung Dostojewskis hingegen schreibt er:

„Was Dostojewski indessen zeigen will, ist, dass die Gottesfrage für den Menschen unausweichlich wird, wenn er einmal beginnt, die Welt zu sehen aus der Perspektive der Leidenden, und sich eingesteht, dass es eine andere Welt als die der Leidenden überhaupt nicht gibt".[50]

---

[46] Vgl. Eugen Drewermann „Dass auch der Allerniedrigste mein Bruder sei", Walter-Verlag Zürich und Düsseldorf, 2. Auflage, 1999, S. 53

[47] Strukturen des Bösen" von Eugen Drewermann, Band I-III, Ferdinand Schöningh, Paderborn, München, Wien, Zürich, 1988, hier I, S. 342

[48] Eugen Drewermann „Dass auch der Allerniedrigste mein Bruder sei"- Walter-Verlag Düsseldorf-Zürich, 1998, S. 8

[49] Ebenda, S. 13

[50] Ebenda, S. 21

Von daher ergibt sich das absolute Angewiesensein des Menschen auf die Zuwendung eines absolut liebenden Gegenübers und auf die Auflösung aller Ambivalenzen im Gottesbild, denn:

„Der Mensch verliert sich in seinem Kern, wenn nicht im Grund seiner Freiheit dieser Hintergrund fühlbar wird. "[51]

IV. „Für den der staunt, steht alles in Frage"

Nietzsche hielt die Religion, in sonderheit das Christentum, für eine ausgemachte Sache der so genannten „Schwachen". Menschen, die im Leben „zu kurz gekommen sind", haben sich darnach so etwas wie „Moral" ausgedacht, um den „Starken", denen, die „das Leben meistern", ein „schlechtes Gewissen" einzureden. Wenigstens in ihrer Einbildung sind die „Schwachen" durch ihre Religion die moralisch besseren Menschen. So die Hauptkritik Nietzsches an der Religion im 19. Jahrhundert, die flankiert und ergänzt wird von Ludwig Feuerbach, Karl Marx, Friedrich Engels und schließlich Lenin.

Für die Letztgenannten war Religion nicht nur eine Illusion, die die Wünsche des Menschen in den illusionären Himmel hinein und auf einen „Gott" projiziert. Für sie war – und für ihre Anhänger ist – Religion „Opium des Volkes" oder „Opium für das Volk". Ein Rauschmittel, das den unterdrückten und ausgebeuteten Klassen und Schichten von ihren Ausbeutern und Unterdrückern angeboten wird als Trost und Kompensation für eben Ausbeutung und Unterdrückung und als Beruhigungsmittel, um umstürzlerische und ‚revolutionäre' Ideen und Gedanken gar nicht erst aufkommen zu lassen, sie zu unterdrücken oder sie auf ‚Höheres' umzuleiten bzw. auszurichten. Darum meinten Lenin, Mao, Pol Pot und deren Anhänger auch in der Konsequenz dieser Überzeugung, dass Priester und „Religionsdiener", die das Volk vom revolutionären Klassenkampf abhalten und im Dienst der „Ausbeuterklasse" handeln, unter allen Umstän-

---

[51] Ebenda, S. 13

den zu „liquidieren", sind. Wahrlich, die Konsequenz in ihrem Handeln kann man diesen ‚Revolutionären' nicht absprechen!

Ein „himmlisches Jenseits" sollte trösten im „irdischen Jammertal" und abhalten, sich von Ausbeutung und Unterdrückung selber zu befreien. Der revolutionäre Klassenkampf sollte verhindert werden durch frommes Gebet und Vertröstung auf ein Jenseits, in dem die Leiden dieser Welt unendlich vergolten werden mit paradiesischen Freuden.

Einmal also die Einbildung der „im Leben Zukurzgekommenen", die den schwachen Trost erhalten sollten, dafür im Leben (das es so gut mit ihnen nicht meinte), die moralisch Anständigeren zu sein. So Friedrich Nietzsche. Ein anderes Mal die Vertröstung auf himmlische Freuden, um das schwere Los auf Erden bereitwillig zu tragen. So Feuerbach, Marx und alle seine ‚revolutionären Epigonen' - „Wacht auf, Verdammte dieser Erde..."

Widersprüchlicher und verworrener in der Geistesgeschichte geht es kaum zu als in der Religionskritik des 19. und auch des vergangenen, des 20. Jahrhunderts, abgesehen von den Vorwürfen der Wissenschaftsfeindlichkeit, des Aberglaubens, der Frauen – und Leibfeindlichkeit und der Lebensuntüchtigkeit frömmelnder Kultusdiener an die Adresse der Religion bzw. der Kirchen. Religion einmal als Beschwörungsformel und verheißungsvolles ‚Trostpflaster' für all die irdische Mühsal. Und dann wieder Religion für jene, die an der Lebensgestaltung scheitern, weil sie Anderen unterlegen sind oder sich so fühlen. Viel ist zu diesen, schon klassischen Anfragen an die Religion gesagt und geschrieben worden. Die Auseinandersetzung wird nicht aufhören, solange Menschen nach Sinn und Ziel fragen. Papst Benedikt XVI. sprach als Theologe Joseph Ratzinger vom „Glauben im Unglauben" und vom „Unglauben im Glauben", weil niemand beweisen kann, dass er im Recht ist. Wir können einerseits Gott nicht einfach und bequem vorweisen, ihn quasi „auf den Tisch legen", so dass jeder ihn ohne Zweifel sehen und spüren kann. Und der Ungläubige seinerseits wird auch die exakteste „Weltformel" mit der Frage entlassen müssen: „Und wenn die Religion doch recht hat?"

„Ob das Christentum der heutigen, in neue Stadien ihrer Entwicklung tretenden Menschheit sich als die Antwort Gottes auf ihre neuen, noch nie so gehörten Fragen glaubhaft machen kann, wird entscheidend von der Tiefe abhängen, in der die Christen ihre christliche Wahrheit verstehen, leben und lieben. "[52]

Hören wir auch noch einmal Karl Rahner:

„Orthodoxie, bürgerliche Wohlanständigkeit und Kirchentreue können zur Gefahr werden, zur Gefahr der Selbstgerechtigkeit und der frommen Heuchelei. Wir sollten Ausschau halten nach den ‚christlichen Heiden', das heißt nach den Menschen, die Gott nahe sind, ohne dass sie es wissen, denen aber das Licht verdeckt ist durch den Schatten, den wir werfen. Vom Aufgang und Niedergang ziehen Menschen ins Gottesreich auf Straßen, die in keiner amtlichen Karte verzeichnet sind. Wenn wir ihnen begegnen, sollten sie an uns merken können, dass die amtlichen Wege, auf denen wir ziehen, die sicheren und kürzeren sind"[53]

Doch wie kann die Kirche diese, ihre ureigene Aufgabe erfüllen? Wie geschieht Verkündigung so, dass sie „ankommt"? Vielleicht müssen wir auch hier wieder viel geschichtlicher denken als wir es gewöhnlich tun. Für die „Alten" war das Staunen der Beginn der Weisheit. Eng verwandt damit ist die Frage oder das Fragen, denn

„Für den, der staunt, steht alles in Frage".[54]

Dort, wo es gelingt, Selbstverständlichkeiten und Plausibilitäten zu irritieren, wo man „kinderschwere Fragen" (wieder) stellt und darüber staunen kann, dass es etwas gibt und nicht nichts, darüber, dass vieles verständlich, nichts aber wirklich selbstverständlich ist, dass das unbegreifliche Geheimnis das eigentlich einzige Selbstverständliche ist, dort kann vielleicht ein

---

[52] Hans Urs von Balthasar „Die Gottesfrage des heutigen Menschen", Wien, Mün-chen, 1956, S.222 (Neuauflage im Johannes Verlag Einsiedeln, Freiburg, 2009 (!)

[53] Karl Rahner „Glaube, der die Erde liebt", Herder, Freiburg-Basel-Wien, 1966, S.104

[54] Roman A. Siebenrock in „Der Denkweg Karl Rahners", Grünewald- Verlag Mainz, 2003, S.87

Anknüpfungspunkt liegen für ein Gespräch nicht nur über das, „was die Welt im Innersten zusammenhält" (Goethe). Dort kann die Frage nach dem Ganzen, nach dem Sinn, nach dem Menschen und dem Menschsein allererst (wieder) in den Blick kommen. Dann kann auch religiöse Rede (wieder) ihre Relevanz und ihren Sinn (zurück) gewinnen, den sie allerdings nicht „machen" kann, sondern der ihr geschenkt werden muss.

„Das verständlich Gemachte gründet in der einzigen Selbstverständlichkeit des Geheimnisses. Wir sind schon immer mit ihm vertraut. Wir lieben es schon immer, auch dann noch, wenn wir – von ihm erschreckt oder vielleicht sogar böse gereizt – es auf sich beruhen lassen wollen. Was ist dem Geist, der zu sich gekommen ist, thematisch oder unthematisch vertrauter und selbstverständlicher als das schweigende Fragen über alles schon Eroberte und Beherrschte hinaus, als das demütig liebend angenommene Überfragtsein, das allein weise macht? Nichts weiß der Mensch in der letzten Tiefe genauer, als dass sein Wissen, d. h. das, was man im Alltag so nennt, nur eine kleine Insel in einem unendlichen Ozean des Undurchfahrenen ist...so dass die existentielle Frage an den Erkennenden die ist, ob er die kleine Insel seines sogenannten Wissens oder das Meer des unendlichen Geheimnisses mehr liebe."[55]

V.   „Die tiefste Erfahrung des Menschen ist nicht der Mensch, sondern Gott."[56]

Mir scheint, dass unsere Zeit so schnelllebig ist, dass sie leicht übersieht, dass ihr aus ihren vielen Möglichkeiten auch enorme Gefahren drohen. Einerseits hat sie im Digitalzeitalter fast alle Möglichkeiten der Gestaltung, der Planung und des Machens in die eigene Verfügung bekommen. Andererseits sind viele wichtige Ereignisse auf Grund der Fülle an Informationen und Geschehnissen kaum nachhaltig präsent, so dass eine gewisse Vergesslichkeit in Bezug auf die eigene Geschichte durchaus mit

---

[55] Karl Rahner „Grundkurs des Glaubens", Freiburg-Basel-Wien 1984, S.33

[56] Zitat von einem Kalenderblatt ohne Quellenangabe

einigem Recht feststellbar ist. Darum möchte ich nachfolgend anhand einiger wesentlicher Zitate aus den Werken von Eugen Drewermann, Hans Urs von Balthasar und besonders von Karl Rahner auf drei Glaubenszeugen aufmerksam machen, von deren Einsichten wir nur zum Schaden von Glauben und Kirche – heute und morgen – absehen können. Manche Texte muten geradezu prophetisch an, denn sie lesen sich – auch viele Jahre später – wie passgenau auf heutige Fragestellungen zugeschnitten.

Eugen Drewermann

„Aber ich glaube nicht wirklich an Gott. Wie soll ich da zu meinem Kind von Gott reden?" wandte eine andere Frau ein...Doch dann erzählte sie, wie sie des Abends ihr Kind in die Nacht begleitet. Es soll keine Angst haben; und so setzt sie sich zu ihm ans Bett und liest ihm ein Märchen vor, streichelt ihm über die Stirn, gibt ihm einen Kuss und flüstert ihm dabei ins Ohr: „Ich bin doch bei dir."

Sie möchte mit diesen Worten dem Kinde versichern, dass es niemals allein sein werde, dass es begleitet und behütet sei, kurz, dass es sich nicht zu fürchten brauche...Und doch verspricht sie mit diesen Worten etwas, dass sie bei allem guten Willen ihrem Kind nicht garantieren kann: – Heute Nacht noch kann ihr etwas zustoßen, dass sie, vielleicht für immer, außerstande setzt, ihrem Kind zur Seite zu stehen. Und dennoch hat sie recht, ihm eine derartige Zusage zu geben, wie sie es tut: -

<Eigentlich> besitzt jedes Kind, das zur Welt kommt, ein Anrecht auf eine solche Geborgenheit, nur dass zwischen dem, was sein müsste und dem, was sein könnte, ein unendlicher Graben klafft. Über diesen Graben hinweg trägt diese Frau allein ein Vertrauen, das sie selbst nicht begründen kann...Sie verspricht ihrem Kind etwas Absolutes, das sie selber niemals erfüllen kann und auf das sie <u>doch</u> hinweist mit ihrer Liebe." [57]

"Das Bedürfnis nach einer absoluten Sicherheit angesichts der Nichtigkeit und Kontingenz des Daseins ist offensichtlich dem Denken und Empfinden des Menschen selbst wesenseigen; es wird nicht von bestimmten Bedingun-

---

[57] Aus Eugen Drewermann „Hat der Glaube Hoffnung?"Patmos, 2000, S.280

gen einer Gesellschaft hervorgebracht, mit denen zugleich es zugrunde ge-
hen könnte, sondern es bedient sich lediglich der gesell-schaftlichen Bedin-
gungen, um in bedingter Form eine unbedingte Antwort auf die totale In-
fragestellung des Menschen selbst zu geben. Eben diese unbedingte Ant-
wort auf die radikale Kontingenz (und Angst) des menschlichen Daseins ist
die Religion, und gerade so muss sie jenseits der Soziologie auch verstan-
den werden."[58]

"Es ist ein schlechter Trost, wenn der Tod sich entschuldigt mit der Last
der Notwendigkeit und der unerbittlichen Gerechtigkeit seines Auftritts-sei-
ne düstere Majestät erhebt sich nur zu um so schrecklicherer Gestalt, als
sie unterschiedslos eben dort keine Ausnahme duldet, wo der Liebende un-
bedingt die Einzigartigkeit und Unvergleichlichkeit der Geliebten als zwin-
gendes Argument einer absoluten Ausnahme erfährt: Jedem Liebenden er-
scheint die Geliebte als einzig...Es gibt keinen Frieden auf Erden zwischen
Liebe und Tod; und so nötig auch immer in der Ordnung der Welt, ist der
Tod ein Skandal in der Ordnung des Herzens."[59]

„Wer an den Einen Gott glaubt, ist in den Augen des Juden Jakobus ein
Jude und in den Augen MOHAMMEDs ein Muslim, und alle Unterschiede
zwischen den Religionen heben sich auf vor der Einheit und Einzigkeit
Gottes! Also sollte ein ‚Christ‘ gültig beten dürfen in einer jüdischen
Synagoge und ein Jude in einer Moschee und ein Muslim in einer Kirche;
es bedeutete zweifellos einen der wichtigsten Beiträge zum Frieden
zwischen den Religionen und Kulturen, es verwandelte den Glauben an
Gott – endlich! – in eine Quelle gütiger Menschlichkeit und Toleranz, und
es entspräche ganz und gar der ‚Umkehrung‘, die Jesus in seiner Religion
und seinem Volke im Namen des Einen Gottes für alle Menschen erreichen
wollte!

Die ‚christliche‘ Bedingung dieser ‚Umkehr‘ besteht allerdings in der
Vermenschlichung des Menschen durch die Kraft des Vertrauens; sie

---

[58] „Tiefenpsychologie und Exegese", I, Walter-Verlag Olten-Freiburg 1992, S.64

[59] Ebenda, II, S. 425

gründet in der Personalisierung der Person im Gegenüber der Person Gottes; sie ergibt sich aus der Befreiung von den ‚Gesetzen' der Natur durch den absoluten Unterschied Gottes als des ‚Schöpfers' zu Seiner Schöpfung. Ein ‚mystischer' Pantheismus, der ‚das Göttliche' mit dem ‚All' identisch setzte, indem er unter ‚Religion' das Aufgeben der Person und das Aufgehen in das All – Eine verstünde, wäre in den Augen Jesu oder Jakobi weder jüdisch noch christlich und in den Augen MOHAMMEDs nicht muslimisch; die Befriedung (‚Islam') des Menschen von seiner Daseinsunruhe, die in seinem Personsein selbst gründet, käme nie zustande durch den Bezug zu etwas Apersonalem, Anonymem, grenzenlos Schweigendem, das in allem ‚anwesend' ist, ohne ein einziges der Wesen anzureden und als es selber zu meinen; zu einer solchen ‚Gottheit' wäre weder mit den Worten der Psalmen noch mit den Worten des Vater – unsers, noch mit den Suren des Korans zu beten; eine solche ‚Gottheit' zu glauben ist nach der Darlegung des Jakobus eine ‚Befleckung' durch Götzendienst."[60]

„Entweder wir werden weiter die Dinge anbeten und den Geist verleugnen... Oder wir wagen es zu glauben, dass die Personalität, die Freiheit, die Individualität keine bloßen Übergangswerte sind, sondern Endziele der Evolution."[61]

„...die Verachtung abzustreifen, die jeden überkommt, der die Welt der Geschöpfe ohne ihren Schöpfer sieht, das ist es, was man mit dem Jahwisten Glauben an Gott nennen muss."[62]

---

[60] Aus Eugen Drewermann „Die Apostelgeschichte", Patmos Verlag Ostfildern, 2011, S. 677/678

[61] Eugen Drewermann "Was uns Zukunft gibt" , dtv. München 1995, S. 28

[62] Ebenda, Band „Strukturen des Bösen" 1988, Paderborn, I, S. 344

Hans Urs von Balthasar[63]

"Der Priester und der Levit, die vorübergingen, ohne zu begegnen, wussten nichts von Gottes Wesen und Willen, obwohl sie Fachleute für Gott waren. Ob der Samariter gottgläubig und fromm war, wird nicht verraten, er weiß nur soviel, als er tut." (223)

"So ist auch Herde drinnen und Herde draußen...Und er sagt nicht, dass man außerhalb der Hürde seine Stimme nicht hören könne, im Gegenteil: Sie werden auf meine Stimme hören, und es wird Eine Herde und Ein Hirt werden...In dieser Offenheit ...ist der Gegensatz zwischen Profan und Sakral...untergriffen von der Einheit dessen, in dem und auf den hin alle Dinge geschaffen sind." (221)

"...die Liebe des Bruders ist die Liebe Gottes in ihm, die er liebend begreift, ergreift, in sich walten lässt. Und diese Liebe anerkennen heißt, bewusst oder unbewusst anerkennen, dass Gottes Liebe Menschengestalt angenommen hat. Jesus Christus anerkennen, ob man seine Existenz kennt oder nicht. Ihn anerkennen einfach dadurch, dass man Gottes Liebe – wirklich G o t t e s Liebe – als für mich Menschen verpflichtend gelten lässt. Wer das tut, ist offen oder verborgen, ein Mitglied der Kirche, sofern sie die Gemeinschaft der Heiligen ist, die sich aufbaut durch die Bruderliebe. Wer für den Bruder hofft, der hofft, dass der Bruder Gott, Christus und die Kirche finde." (215)

"Der Liebende braucht das gar nicht zu wissen: weder, dass seine eigene Liebe (die er ja nicht hoch anschlagen wird) von weiter herkommt, noch

---

[63] Die nachfolgenden Zitate sind alle – bis auf eine Ausnahme - folgendem Werk entnommen: Hans Urs von Balthasar „Die Gottesfrage des heutigen Menschen", Herold, Wien-München 1956 (Die Seitenzahlen werden jeweils hinter dem Zitat in Klammern gesetzt) – im Jahr 2009 gab es eine Neuausgabe im Johannes - Verlag Einsiedeln-Freiburg, die mit einer Einleitung versehen wurde und mit einigen, kleinen Zusätzen und Änderungen, die Hans Urs von Balthasar selber angebracht hat. Ich persönlich halte dieses Buch für eines der wichtigsten Werke Balthasars, weil in ihm die Fragen und Hoffnungen, die Nöte und Sehnsüchte des modernen Menschen ihren gebührenden Platz finden.

dass hinter dem, den er liebt, den er vielleicht zwischen Jerusalem und Jericho auf der Straße aufliest, Gott steht."(213)

"Aber: ein Mensch, der ganz Mensch wäre und zugleich mehr als ein Mensch: Gott; ein Gott, der nicht nur der Je - größere, unerreichbar Erhabene wäre, sondern zugleich ganz Mensch, ein solcher müsste die Weltidee sein...so ist auch die Stunde, in der eingesehen werden muss, dass die christliche Liebe in ihrem Innersten das 'Christentum' übersteigt: in den Raum der Welt hinein. Ja, dass diese Überstiegsbewegung das Wesen des Christentums ausmacht." (207)

"Eine andere Lösung für die quälende Frage des Verlorengehens der Brüder ist dem Glauben nicht angeboten als seine eigene Verlorenheit an die Abgründe Gottes, in der einzigen Gebärde, in der der Mensch dem Rhythmus dieser Abgründe angeglichen werden kann und durch Gnade mitzuströmen beginnt mit der hingegebenen Liebe ohne Grenzen und Enden."(204)

"Vielleicht blickt das Wort der neutestamentlichen Prophetie...gerade auf diese - unsre Zeit - voraus. Es ist eine tragische Epoche, denn sie muss gleichzeitig beides einsehen: dass auf der Welt zuletzt nichts anderes sich verlohnt (weil nichts anderes das ist, wofür man sich einsetzen kann) als der Mensch - und dass der Mensch sich letztlich doch nicht lohnt. Und so ist es die Zeit der Philantropie und des vollendeten Humanismus, da alle Weltanschauungen - östliche und westliche und jede, die sich in der Mitte dazwischen einzurichten versucht - sich nur noch um den Menschen drehen und um die Hilfe und Förderung und Entfaltung, die man ihm angedeihen lassen kann; und doch diese Sorge einen offen oder verdeckt bitteren, zynischen oder süßlich faden oder sanitären und unpersönlichen, unmenschlichen 'Beigeschmack' hat. Aus dieser Tragik gibt es keinen Ausweg, und der Mensch ist sich darüber klar. Irgendwie kommt er sich im Gefängnis seiner Natur, seiner Geschichte, seines dummen, runden Planeten als ein Geprellter vor, er sieht sich um nach dem, der ihn so hereingelegt hat, und findet niemand." (206)

"Der Mensch hat die Dinge überstiegen; sie können ihm nicht mehr Gott sein. Sich selber hat er genug kennengelernt, um keine Lust mehr zu haben, vor sich niederzufallen. So steht er, wenn er Gott anerkennen will, in einer Unmittelbarkeit zu ihm, die erschreckend ist...Der Mensch muss am Menschen ersticken, wenn ihm in dieser ewigen Selbstbegegnung, die das Leben des Alltags ausmacht... kein anderer begegnet als immer einzig der Mensch. Wenn im Du sich nichts anderes anböte als das, was jeder grundsätzlich von sich selber her kennt: dieses Wesen mit seiner zugekleisterten Endlichkeit, geängstigt durch seine Grenzen, deren unangemeldete Ankunft es nicht kennt: Tod, Krankheit, Wahnsinn, Schicksalsschläge von außen und innen...Warum sollte sich das Ich für ein Du verlieren und opfern, das es im tiefsten nicht anders schätzen kann als sich selbst? Nein: wenn im Bruder nicht Gott begegnet, wenn in der Liebe kein Atem aus der Unendlichkeit herweht, wenn ich den Bruder nicht mit einer Liebe lieben kann, die von viel weiter herkommt als mein endliches Liebesvermögen, wenn also das, was in unserer Begegnung den erhabenen Namen Liebe tragen darf, nicht von Gott kommt und zu Gott geht, wird es sich nicht verlohnen, das Abenteuer zu bestehen. Denn es wird den Menschen weder seines Kerkers noch seiner Einsamkeit entledigen...Tiere können einander lieben, ohne um Gott zu wissen; sie sind doch ihrer selbst nicht bis auf den Grund bewusst. Wesen aber, deren Natur diese Reflexion erlaubt und fordert, und die diese Reflexion in einem bestimmten Stadium ihrer geschichtlichen Entwicklung einmal so gründlich kennengelernt haben, dass darin nicht nur das Individuum, sondern die Gattung als ganze, die Menschheit, sich zu Gesicht bekam: solche können sich ohne Gott nicht mehr lieben." (205f)

„Lassen wir das alles, schauen wir nur auf irgendeine durchschnittliche Minute unseres Alltags. Keine von ihnen ist in sich selbst erfüllt. Jede bedarf, um bestanden zu werden, jener weitertreibenden Kraft, der Hoffnung, jenes Vorgriffs auf die Zukunft, damit das Jetzt, das immer zerrinnt, bejaht werden kann. Zwischen dem, was Ich eigentlich bin oder sein könnte oder möchte oder müsste – und dem, was ich tatsächlich gerade jetzt lebe oder tue, denke, urteile oder erlebe, klafft ein Abgrund, den ich einzig kraft jenes Vorschusses überbrücke. Nie bin ich in meinen Akten oder Zuständen ganz da. Ich freue mich, aber die Freude dringt

nicht bis zum letzten Kern meiner selbst; es bleibt Raum für Angst, für Langeweile, für irgendetwas anderes, Neues, Umgekehrtes, das die heutige Freude wahrscheinlich, nein, ganz sicher ablösen wird. "[64]

Karl Rahner

„Man kann sich wirklich vorkommen, wie eine einzelne kleine Ameise, die eine kleine Tannennadel einen Zentimeter weit herumzerrt, das noch wichtig nimmt, ohne wirklich zu realisieren, wie unbedeutend ihr mühseliges Tun ist auf der ganzen Erde, die selber nur ein winziges Stäubchen in einem Universum ist, das Milliarden Lichtjahre groß ist und sich immer noch in einer ungeheuerlichen Dynamik ausdehnt.... Das Gräßlichste, was wir für die ganze Menschheit auf einmal fürchten könnten, wäre universalkosmisch gesehen doch nur eine kleine Reibungserscheinung in der ungeheuren Maschinerie des Universums. Man könnte von da aus denken, die ganze Menschheitsgeschichte sei im Grunde genommen eben doch nur ein verlorener kleiner Ameisenhaufen in einem Universum, das diesen kleinen Haufen Menschheitsgeschichte von drei Millionen Jahren, so nebenbei und letztlich gleichgültig, auch hervorgebracht hat und wieder vergehen lässt... Die ungeheure, atemberaubende Geschichte des Kosmos hat ihren letzten Sinn darin, dass innerhalb dieser Geschichte scheinbar bloß punktförmig unzählige Geschichten des Geistes und der Freiheit sich ereignen können, in denen ebenso oft die Geschichte des Kosmos selber grundsätzlich zu sich selber kommt. Und diese unzählige Male sich ereignende Geistes – und Freiheitsgeschichte als Zu – sich – Kommen des Kosmos ist gleichzeitig und in einem die Geschichte der Selbstmitteilung Gottes als absoluter Zukunft an diese Geschichte der Freiheit und des Geistes des Kosmos. Das endgültige Ergebnis all dieser zu Gott als solcher selber vordringenden Geschichte des Geistes und der Freiheit, in der der Kosmos erst zu sich selber kommt, heißt das ewige Reich Gottes. In dieser Geschichte des Kosmos, des Geistes und der Freiheit ist aber der unwiderrufliche Sieg dieser Geschichte schon bezeugt und hat er auch schon als er selber begonnen. Dieser Anfang der seligen Vollendung des Kosmos heißt Jesus Christus, der durch seinen Tod hindurch Auferstan-

---

[64] Aus Hans Urs von Balthasar „Einfaltungen", Einsiedeln, Freiburg, 1987, S. 107f

dene. Die bleibende Gegenwart dieses siegreichen Zusagewortes Gottes in Jesus Christus heißt die Kirche derer, die an diesen Jesus glauben, ihn und in ihm Gott selber lieben und mit ihm in die Unbegreiflichkeit Gottes hinein in Hoffnung sterben. "[65]

„Unser Anfang ist in Gott verborgen. Er ist verfügt. Und erst, wenn wir angekommen sind, werden wir ganz wissen, welches unsere Herkunft ist. Denn Gott ist das Geheimnis schlechthin, und... ohne dass dadurch das Geheimnis aufgehoben wird, können wir sagen: Zu unserem Anfang gehört die Erde, die Gott geschaffen, die Ahnen, in deren Geschichte Gott weise und vergebend waltete, gehört Jesus Christus, die Kirche und die Taufe, Erde und Ewigkeit. "[66]

„Immer komme ich im Leben und Denken in Ratlosigkeiten hinein, mit denen man nicht ‚fertig werden' kann. Zunächst mag es auch mir scheinen, als ob man eben einfach weiterzumachen habe, auch wenn man nicht weiß, wohin alles schließlich zielt...Aber ich kann mir dann doch die Frage nicht versagen und mich der Frage nicht verweigern, was denn auf dem Grund dieses Weitermachens verborgen sei. Und dann finde ich eben doch die Hoffnung, die sich keine Grenze endgültig befehlen lässt. "[67]

„Und siehe nun – Gnade ist es, wenn diese Erkenntnis der Endlichkeit und Vergänglichkeit aller Dinge den Menschen lebendig erfasst. Die Menschen weichen dieser Erkenntnis aus; hat ein irdisches Gut das Sehnen des Herzens nicht gestillt, dann hofft man es dennoch vom nächsten. Wer aber achtet auf diese Erkenntnis, auf diese Unruhe und dieses ungestillte Verlangen der Seele, wer versteht, was diese scheinbar so unglückliche Veranlagung des Menschen, überall zu seiner Enttäuschung Grenzen und Enden zu entdecken, bedeutet, der schafft Raum in seinem Herzen für die Liebe Gottes. Der sieht, dass nur einer das ganze Herz mit all seinem Denken und Fühlen bannen kann, dass nur einer allein beständig ist, einer allein getreu, einer allein uns alles sein kann, einer allein uns ganz

[65] Karl Rahner „Bilanz des Glaubens", dtv, 1985, S.117f/ 127f

[66] Karl Rahner „Glaube, der die Erde liebt", Freiburg 1966, S.134

[67] Karl Rahner/Karl Heinz Weger, Freiburg 1979 „Was sollen wir noch glauben?", S.206f

besitzen kann. Und wenn wir...empfinden, dass nur einer unser ganzes Wesen, das wir im unwiderstehlichen Drang der Liebe verschenken wollen, anzunehmen befähigt ist...dann fangen wir schon an, Gott zu lieben. Wir verlangen nach etwas und wissen nicht was; aber wir sind sicher, es ist etwas, das die Welt nicht geben kann."[68]

„Alle Dogmatik über dich ist nur gut, weil sie mir...dich selbst verdeutlichen soll, wie du dich selbst mir in deinem Geist ins Herz sagst und wie du mir schweigend begegnest im Geschick meines Lebens als der Erfahrung dieser deiner inwendigen Gnade: Im Nächsten, an den ich mich ohne Rückversicherung wagen muss, in der Treue zum Gewissen, die sich nicht mehr lohnt; in aller Liebe und Freude, die doch nur Verheißung ist und fragt, ob ich den Mut habe, an die ewige Liebe und Freude zu glauben; in dem langsamen Ansteigen der dunklen Wasser des Todes in der Grube meines Herzens, in der Finsternis des Todes, der ein Leben lang gestorben wird, in der Alltäglichkeit der schweren Dienste täglicher Bewährung."[69]

„Man kann...von der Überzeugung ausgehen und sie argumentativ deutlich machen, dass ein Mensch auf die Dauer eine Sehnsucht nach der Endgültigkeit seiner eigenen Existenz gar nicht vermeiden könne, darin aber mit derselben Notwendigkeit die Existenz dessen bejahe, was wir ‚Gott' nennen."[70]

„Überall begegnest du mir, allem bist du inwendig, ungenannt oder mit Namen angerufen. Denn in allem suche ich Gott, um der tötenden Nichtigkeit zu entfliehen und in allem kann ich den Menschen nicht lassen, der ich bin und den ich liebe. Darum bekannt alles dich, den Gott – Menschen. Alles ruft nach dir, indem als Menschen man Gott schon hat, ohne nochmals den Menschen lassen zu müssen, und in dem als Gott man den

---

[68] „Beten mit Karl Rahner", Freiburg 2004, Band 1 „Von der Not und dem Segen des Gebetes", S. 93

[69] Ebenda, Band 2 „Gebete des Lebens", S. 93 f

[70] Karl Rahner/Karl Heinz Weger „Was sollen wir noch glauben", Freiburg-Basel-Wien 1979, S. 22

Menschen finden kann, ohne fürchten zu müssen, dem bloß Absurden zu begegnen. "[71]

B) Fragen praktischer Pastoral - Orte kirchlichen Lebens in Pastoralen Räumen

I.   Hinführung

Unter der Überschrift „Katholische Identität" analysiert Pater Andreas Schönfeld in den „Spirituelle(n) Grundlagen für Pastorale Räume im Erzbistum Hamburg" Aspekte in Kirche und Gesellschaft, die sich offensichtlich voneinander entfernen und dabei Irritationen, Verunsicherung und Anfragen auslösen.

„Ein Hauptproblem ist die Spaltung des Lebens in vollständig profanisierte Bereiche und religiöse Binnenräume. Dies macht es schwierig, die christliche Tradition mit der Welterfahrung in Einklang zu bringen, und zwar nicht zuerst deshalb, weil das Christsein erneuerungsbedürftig wäre, sondern weil verstärkt Entfremdungsmechanismen in der Gesellschaft wirken, welche die leibseelische Integrität der Person antasten. Die natürliche Erfahrungsbasis der Religion wird untergraben. Hinzu kommt eine wachsende Unfähigkeit zur Sammlung, die jede spirituelle Einsicht und Praxis erschwert. Neben ethischen Konflikten ergibt sich daraus für das geistliche Leben vor allem die Schwierigkeit, eine kontemplative Innerlichkeit mit der im Alltag notwendigen rationalen Differenziertheit zu verbinden: ‚Wie kann eine so schnell voranschreitende Zersplitterung der Einzeldisziplinen mit der Notwendigkeit in Einklang gebracht werden, sie in eine Synthese zu bringen und dem Menschen die Fähigkeit zu jener Kontemplation und zu jenem Staunen zu wahren, die zur Weisheit führen?' (Gaudium et spes).[72] *Ein wichtiges Ziel ist es, dass in Pastoralen Räumen*

---

[71] „Beten mit Karl Rahner", Freiburg 2004, Band 2 „Gebete des Lebens", S, 94

[72] GS, 56

die nötigen spirituellen Hilfen, institutionelle Strukturen und Gemein-
schaftsformen für ein christliches Leben im Alltag bereitgestellt werden.
Dazu ist es hilfreich, die kontemplative Dimension des Christseins mehr zu
pflegen. Es gilt, die Spaltung von Wissen und Weisheit, Spiritualität und
Pfarrei, Mystik und Institution zu überwinden. "[73]

Hans Urs von Balthasar hat dies seinerzeit als Spaltung von Wissen und
Weisheit, Mystik und Institution benannt"[74] und auch Papst Benedikt
(Joseph Ratzinger) hat vor etlichen Jahren hier ein erhebliches Problem in
der Pastoral gesehen, wenn er schreibt:

„Von den Problemen der Gegenwart her könnte man verdeutlichend
sagen: Die sogenannte objektive Frömmigkeit des feiernden Mitvollzugs
der Liturgie genügt nicht...Die Liturgie selbst kann nur dann ihrem
besonderen Anspruch gemäß gefeiert werden, wenn sie vorbereitet und
begleitet ist von dem meditativen Verweilen, in dem das Herz zu schauen
und zu verstehen beginnt und so auch die Sinne in das Schauen des
Herzens einbezogen werden..."[75]

II.   Aussagen des II. Vatikanischen Konzils zur Kirche in der Welt von heute

Nicht selten wird in den Gesprächen und Diskussionen um die ‚Gestalt' der
Pastoralen Räume die Frage gestellt: Was haben jene ‚Orte' mit Kirche zu
tun, in denen nur wenige getauft sind und noch weniger regelmäßig im
Gottesdienst zu sehen sind? Umgekehrt wird der kirchliche Charakter von
Gemeinden ad absurdum geführt, wenn man soziales Engagement, das man

---

[73] Andreas Schönfeld „Spirituelle Grundlagen für Pastorale Räume im Erzbistum Hamburg, Hamburg 2012, S.12f

[74] Hans Urs von Balthasar „Herrlichkeit", II, Einsiedeln 1962, S.13

[75] Joseph Kardinal Ratzinger „Schauen auf den Durchbohrten. Versuche einer spirituellen Christologie. Freiburg i.Br. 1990, S.46f

sehr wohl leisten könnte, ‚delegiert' mit der Begründung: „Dafür haben wir ja die Caritas". Hier werden Spannungen erkennbar, auf die reagiert werden muss. Es muss nach tragfähigen Antworten gesucht werden, um ein ehrliches und offenes Miteinander in den Pastoralen Räumen nicht zusätzlich zu erschweren.

Die Beantwortung der Frage theologisch-praktischer Relevanz "Orte kirchlichen Lebens" richtet sich an den Vorgaben des II. Vatikanums aus, insbesondere an den beiden Kirchenkonstitutionen "Lumen gentium" und "Gaudium et spes". Deren Aussagen haben nichts an Aktualität verloren, im Gegenteil: Erst heute - erkennbar am raschen Wandel der Möglichkeiten und Verhältnisse im Digitalzeitalter – wird die geradezu prophetische Dimension vieler Konzilsaussagen in ihrem Umfang erkennbar.

Lumen gentium 16

"Der Heilswille umfasst...auch den anderen, die in Schatten und Bildern den unbekannten Gott suchen, auch solchen ist Gott nicht ferne, da er allen Leben und Atem und alles gibt (vgl. Apg 17, 25-28) und als Erlöser will, dass alle Menschen gerettet werden. (vgl. 1 Tim 2,4). Wer nämlich das Evangelium Christi und seine Kirche ohne Schuld nicht kennt, Gott aber aus ehrlichem Herzen sucht, seinen im Anruf des Gewissens erkannten Willen unter dem Einfluss der Gnade in der Tat zu erfüllen trachtet, kann das ewige Heil erlangen. Die göttliche Vorsehung verweigert auch denen das zum Heil Notwendige nicht, die ohne Schuld noch nicht zur ausdrücklichen Anerkennung Gottes gekommen sind, jedoch, nicht ohne die göttliche Gnade, ein rechtes Leben zu führen sich bemühen. Was sich nämlich an Gutem und Wahrem bei Ihnen findet, wird von der Kirche als Vorbereitung für die Frohbotschaft und als Gabe dessen geschätzt, der jeden Menschen erleuchtet, damit er schließlich das Leben habe."

Gaudium et spes (GS) 22

"Der christliche Mensch empfängt, gleichförmig geworden dem Bild des Sohnes, der der Erstgeborene unter vielen Brüdern ist, "die Erstlingsgaben des Geistes" (Röm 8,23), durch die er fähig wird, das neue Gesetz der Liebe zu erfüllen...Das gilt nicht nur für die Christgläubigen, sondern für alle Menschen guten Willens, in deren Herzen die Gnade unsichtbar wirkt. Da nämlich Christus für alle gestorben ist und da es in Wahrheit nur eine letzte Berufung des Menschen gibt, die göttliche, müssen wir festhalten, dass der Heilige Geist allen die Möglichkeit anbietet, diesem österlichen Geheimnis in einer Gott bekannten Weise verbunden zu sein."

GS 42

"Mit großer Achtung blickt das Konzil auf alles Wahre, Gute und Gerechte, das sich die Menschheit in den verschiedenen Institutionen geschaffen hat und immer neu schafft. Es erklärt auch, dass die Kirche alle diese Einrichtungen unterstützen und fördern will, soweit es von ihr abhängt und sich mit ihrer Sendung vereinbaren lässt."

GS 44

"Die Erfahrung der geschichtlichen Vergangenheit, der Fortschritt der Wissenschaften, die Reichtümer, die in den verschiedenen Formen der menschlichen Kultur liegen, durch die die Menschennatur immer klarer zur Erscheinung kommt und neue Wege zur Wahrheit aufgetan werden, gereichen auch der Kirche zum Vorteil. Von Beginn ihrer Geschichte an hat sie gelernt, die Botschaft Christi in der Vorstellungswelt und Sprache der verschiedenen Völker auszusagen und darüber hinaus diese Botschaft mit Hilfe der Weisheit der Philosophen zu verdeutlichen, um so das Evangelium sowohl dem Verständnis aller als auch berechtigten Ansprüchen der Gebildeten angemessen zu verkün-

den. Diese in diesem Sinne angepasste Verkündigung des geoffen-barten Wortes muss ein Gesetz aller Evangelisation bleiben. Denn so wird in jedem Volk die Fähigkeit, die Botschaft Christi auf eigene Weise auszusagen, entwickelt, und zugleich der lebhafte Austausch zwischen der Kirche und den verschiedenen nationalen Kulturen gefördert. Zur Steigerung dieses Austausches bedarf die Kirche vor allem in unserer Zeit mit ihrem schnellen Wandel der Verhältnisse und der Vielfalt ihrer Denkweisen der besonderen Hilfe der in der Welt Stehenden, die eine wirkliche Kenntnis der verschiedenen Institutionen und Fachgebiete haben und die Mentalität, die in diesen am Werk ist, wirklich verstehen, gleich-gültig, ob es sich um Gläubige oder Ungläubige handelt. Es ist jedoch Aufgabe des ganzen Gottesvolkes, vor allem auch der Seel-sorger und Theologen, unter dem Beistand des Heiligen Geistes auf die verschiedenen Sprachen unserer Zeit zu hören, sie zu unterscheiden, zu deuten und im Licht des Gotteswortes zu beurteilen, damit die geoffenbarte Wahrheit immer tiefer erfasst, besser verstanden und passender verkündet werden kann... Die Kirche erfährt auch dankbar, dass sie sowohl als Gemeinschaft wie auch in ihren einzelnen Kindern mannigfaltigste Hilfe von Menschen aus allen Ständen und Verhältnissen empfängt."

Wichtige und zudem sehr konkrete Ausführungen macht das Kon-zil auch in seinem Dekret über das Laienapostolat „Apostolicam actuositatem" (Aa), in dem es Stellung nimmt zur Berufung der Laien zum Apostolat. Es geht auf dessen verschiedene Bereiche näher ein, ebenso auf die vielfältigen Formen des Apostolates und deren Ordnung. Das Konzil weist nicht nur auf die Notwendigkeit des Apostolates der Laien hin und bringt ihm gegenüber eine große Wertschätzung zum Ausdruck. Es betont nicht minder das Erfor-dernis, sich hierfür immer wieder neu zu bilden, sowohl in den verschiedenen Sachgebieten als auch im praktischen Glaubensleben und Glaubenswissen.

Apostolicam actuositatem (Aa) 2

„Dazu ist die Kirche ins Lebens getreten, sie soll zur Ehre Gottes des Vaters die Herrschaft Christi über die ganze Erde ausbreiten...Jede Tätigkeit des mystischen Leibes, die auf dieses Ziel gerichtet ist, wird Apostolat genannt...Es besteht in der Kirche eine Verschiedenheit des Dienstes, aber eine Einheit der Sendung... Da es aber dem Stand der Laien eigen ist, inmitten der Welt und der weltlichen Aufgaben zu leben, sind sie von Gott berufen, vom Geist Christi beseelt nach Art des Sauerteigs ihr Apostolat in der Welt auszuüben. "

Aa 7

„Alles, was die zeitliche Ordnung ausmacht, die Güter des Lebens und der Familie, Kultur, Wirtschaft, Kunst, berufliches Schaffen, die Einrichtungen der politischen Gemeinschaft, die internationalen Beziehungen und ähnliches mehr, sowie die Entwicklung und der Fortschritt von alledem sind nicht nur Hilfsmittel zur Erreichung des letzten Zieles des Menschen, sondern haben ihren Eigenwert, den Gott in sie gelegt hat... Endlich hat es Gott gefallen, alles, das Natürliche und das Übernatürliche, in Christus Jesus zu einer Einheit zusammen zu fassen, „so dass er selbst in allem den ersten Rang hat" (Kol.1,18) Dennoch nimmt diese Bestimmung der zeitlichen Ordnung in keiner Weise ihre Autonomie, ihre eigenen Gesetze, Ziele, Methoden und ihre eigene Bedeutung für das Wohl der Menschen. Sie vollendet sie vielmehr in ihrer Bedeutsamkeit und in ihrem Eigenwert....Auch in unseren Tagen setzen nicht wenige ein allzu großes Vertrauen auf den Fortschritt der Naturwissenschaften und der Technik... Aufgabe der ganzen Kirche ist es, daran zu arbeiten, dass die Menschen fähig werden, die gesamte zeitliche Ordnung richtig aufzubauen...Die Laien ...sollen aus ihrer spezifischen Sachkenntnis heraus und in eigener Verantwortung als Bürger mit ihren Mitbürgern zusammenarbeiten und überall und in allem die Gerechtigkeit des Reiches Gottes suchen. Die zeitliche Ordnung ist so auszurichten, dass sie, unter völliger Wahrung der ihr eigentümlichen Gesetze, den höheren Grund-sätzen des christlichen Lebens entsprechend gestaltet, dabei jedoch den verschiedenen Situationen der Orte, Zeiten und Völker angepasst wird. "

Aa 14

„Die Katholiken seien bestrebt, mit allen Menschen guten Willens
zusammen zu arbeiten zur Förderung alles dessen, was wahr, gerecht,
heilig und liebenswert ist. (vgl. Phil.4,8) Sie mögen mit ihnen im
Gespräch bleiben, sie an Kenntnis und Menschlichkeit übertreffen und
nachforschen, wie man die gesellschaftlichen und öffentlichen Einrich-
tungen im Geist des Evangeliums vervollkommnen kann. "

III.   „Vom Glauben inmitten der Welt"[76]

Die praktische Umsetzung dieser kirchlichen Grundaussagen aus dem
jüngsten Konzil findet eine verlässliche und wohlbegründete Orientierung in vielen Impulsen aus der Theologie Karl Rahners, auf die im
Anschluss in konzentrierter Form eingegangen wird. [77]

Karl Rahner erarbeitete eine eigene wissenschaftstheoretische Grund-
legung der praktischen Theologie, in der er als deren Gegenstand den
"je jetzt fälligen Selbstvollzug der Kirche (als gegebenen und seinsol-
lenden)" (SW 19,490) bestimmte. Schon im Grundsätzlichen ist hier

---

[76] Diese Überschrift ist identisch mit einem Buchtitel Karl Rahners. Die nachfol-genden Aussagen
lehnen sich stark an Ausführungen Walter Schmollys an und übernehmen diese teilweise über längere
Passagen wörtlich aus „Der Denkweg Karl Rahners", Mainz 2003, S.242ff. Hier ist auch der Ort, auf das
programmatische Büchlein Karl Rahners zur Würzburger Synode 1972 aufmerksam zu machen, das an
Aktualität eher zugenommen als abgenommen hat. Diesen ‚Befund' bestätigt Andreas Schönfeld in
seinen „Spirituellen Grundlagen" aus dem Jahr 2012 (s.o.) auf S.62 in der Sekundärliteratur, in der er
ausdrücklich auf dieses Buch Karl Rahners verweist. Das Büchlein Rahners hat neben der Einleitung 3
Kapitel, deren Nennung schon einer Richtungsanzeige für heutige Überlegungen gleichkommt: **I. Wo
stehen wir? II. Was sollen wir tun? III. Wie kann eine Zukunft der Kirche gedacht werden?** Die
jeweiligen Ziffern in den Klammern nach den Aussagen geben den genauen Ort in „Der Denkweg Karl
Rahners" an.

[77] „konzentrierte Form" heißt, dass es sich im Folgenden nur um allgemeine, zumeist fragmentarische
Aussagen handelt, die zumeist eher den Charakter von Andeutungen und Hinweisen haben. Wer sich
gründlicher und eingehender mit Rahners Theologie zu diesem Fragekomplex beschäftigen möchte, sei
verwiesen auf das Büchlein „Strukturwandel der Kirche als Aufgabe und Chance" und Band 19 der
Sämtlichen Werke (SW) Karl Rahners sowie auf die beiden Teilbände der SW 21, die sich explizit mit
den „Beiträge(n) zum Konzil und seiner Interpretation" beschäftigen.

eine Bezugnahme zum II. Vatikanischen Konzil nicht zu übersehen, denn dessen seelsorgerische Grundausrichtung gibt sämtlichen theologischen Disziplinen eine deutliche Rücksichtnahme auf die Pastoral auf. Dabei sind die profanen Wissenschaften, wie Soziologie oder Religionswissenschaft einerseits unentbehrlich, andererseits "vorbereitende 'Hilfs'- Wissenschaften" für eine notwendigerweise theologische Gegenwartsanalyse, weil es um die Situation der Kirche geht.

Ohne näher auf Fragen einzugehen, die entstehen zwischen der praktischen Theologie und einer systematischen Ekklesiologie und dem charismatischen Glaubensbewusstsein der Kirche, wenden wir uns gleich den vier praktisch – theologischen Optionen zu, die nach Schmolly (Rahner) auch als zentrale Handlungsprinzipien und Imperative für den gegenwärtigen Selbstvollzug der Kirche im Horizont des modernen Selbst – und Weltverständnisses des Menschen gelten können.

1. Das Erfordernis einer kirchlichen Strategie.

Sie ergibt sich, weil die Verfügungen Gottes „aber gerade durch die schöpferische Freiheit der Kirche hindurch" sich ereignen. Daraus ergibt sich, dass die Kirche heute „ihrer unausweichlichen Verantwortung für ihre Zukunft nur in Form von reflektierten strategischen Planungs - und Entscheidungsprozessen gerecht" zu werden vermag. Dabei nimmt die Grundhaltung eines „Tutiorismus des Wagnisses" eine wichtige Rolle ein. Darunter ist ein „Imperativ für heute und nicht (als) ein ewig gültiges Prinzip" (SW, 19, 314) zu verstehen. Karl Rahner direkt dazu:

"Der einzige heute im praktischen Leben der Kirche erlaubte Tutiorismus ist der Tutiorismus des Wagnisses. Die Kirche darf heute eigentlich nicht bei der Lösung von echten Problemen fragen: Wie weit muss ich gehen, weil es einfach von der Situation erzwungen wird, wenigstens so weit zu gehen, sondern sie müsste fragen: Wie weit darf ich unter Ausnützung aller theologischen und pastoralen Möglichkeiten gehen(...)" (SW 19, 315)

Wenn dieses Kriterium in Anwendung gebracht wird - immer unter Bezugnahme auf den allgemeinen, wirksamen Heilswillen Gottes, der (nach christ-katholischem Verständnis) sowohl die Freiheit des Menschen ernst nimmt als auch stets einen christologischen (und damit auch ekklesiologischen) Bezug hat - welche Offenheit, welche Perspektiven eröffnen sich dann angesichts einer ausgeprägten Diasporasituation für einen angstfreien Dialog der Kirche mit allen anderen gesellschaftlichen Gruppierungen?

2. Die Notwendigkeit einer vertieften dialogischen Missionsbemühung

Die Vereinheitlichung der Völker - heute unter dem Stichwort Globalisierung beschrieben - kann gedeutet werden als

„die konkrete Weise der Durchführung der heilgeschichtlichen Absicht Gottes, der Kirche eine reale geschichtliche Präsenz unter allen Völkern und damit die konkrete Möglichkeit wirklicher Mission zu verschaffen. Denn nur ein realer, auch profaner, geschichtlicher Kontakt ermöglicht ein missionarisches Kommen des Christentums zu einem Volk, in dem der Adressat "dialogisches Mitsubjekt des missionarischen Tuns der Kirche" (SW 19, 362) ist.

Welche Wertung kann angesichts dieser 'Qualifikation' für die "Orte kirchlichen Lebens" erfolgen? Es geht ja nicht nur um 'ferne' Völker. Auch (und erst recht) hier bei uns, ganz konkret, muss Mission erfolgen, die "Neu-evangelisierung", die aber nicht den 'Fremden' und das ‚Fremde' geringschätzt, sondern in seinen Möglichkeiten das von Gott geschenkte 'Vermögen' erblickt, selber "Subjekt" im Heilsdialog zu sein. Auch hier nimmt Karl Rahner die Impulse aus dem Missionsdekret des II. Vatikanischen Konzils auf (Nr. 7-9; 11, 15 und 19-22), dass nämlich die missionierten Völker, wenn sie das Christentum annehmen,

"aus der von ihrem eigenen Wesen her entstehenden Eigenart der Teilkirchen einen positiven Beitrag zur aktuellen Fülle der Kirche selbst leisten." (SW 19,363)

Hier wird Kirche – übertragen auf die "Orte kirchlichen Lebens"- gleichsam zur „Hörer(in) des Wortes". Die Wertschätzung, die Anerkennung und Akzeptanz des Anderen in seinem Eigensein - das nie ohne das Angebot von Gottes Zuwendung ist – ist nicht nur eine Haltung liebevoller Annahme. Sie ist auch die geforderte Offenheit, ohne die das 'Fremde' nie Eingang finden kann in die Fülle und den Reichtum kirchlichen Lebens.

Karl Rahner hat in diesem Zusammenhang immer wieder betont, dass jeder sittlich gute Akt nie ein nur ‚natürlicher' Akt ist, sondern immer schon ein von der Gnade Gottes getragenes und ermächtigtes Tun. Unter Verweis auf Mt 25, 31-46 sind die guten Taten jener Menschen, die nicht sichtbar zur Kirche gehören, keinesfalls die „glänzenden Laster der Heiden", wie es noch Augustinus vermutete. Vielmehr dürfen wir ‚heilsoptimistisch' vermuten, dass es sich bei all dem Guten, das wir außerhalb der Institution Kirche finden, um die „absolut beunruhigende Zusage (handelt, RH), dass Gottes Heilswille dem innerweltlichen Heilshandeln der Kirche 'vorwegläuft' und Gott so seine Kirche zum Nachkommen drängt"[78].

3. Die Option für eine offene Kirche der Glaubenden

Diese Option hat darum auch ganz praktische Konsequenzen in Hinsicht auf die tatsächlichen Ressourcen der Kirche. Die Kirche kann, ja soll den „Mut finden, angesichts der begrenzten Kräfte nicht alles, aber das Richtige und wirklich Zukunftsträchtige zu erstreben." Konkret auf die „Orte kirchlichen Lebens" angewandt, erinnert Karl Rahner an die „positive Bedeutung außerkirchlicher Religiosität" (SW 19, 296) und plädiert dafür, sie als „Stätte reflexen, offenen Dialogs" (SW 19, 305) mutig zu ergreifen. Ausdrücklich warnt Rahner vor einem Rückzug in ein Ghetto, "um mit dem Schein leben zu können, es gäbe diese Diaspora nicht." (257)

Schmolly weist noch einmal - und das scheint mir gerade angesichts der theologischen Anfragen an die „Orte kirchlichen Lebens" wichtig zu sein – auf die Grundlage dieser Option hin: Kirche wird verstanden als „die sakramental-gesellschaftliche Präsenz des im allgemeinen Heilswillen Gottes gründenden und bleibend verhüllten übernatürlichen Lebens der einen und ganzen Menschheit in Christus und seiner Gnade. Als solche ... erbaut sich die Kirche um die Feier der Eucharistie 'von unten her' und ist sie die Verheißung des Heils auch für den Teil der Welt, der sich ihr nicht

---

[78] Ralf Miggelbrink, Ekstatische Gottesliebe im tätigen Weltbezug", Altenberge, 1989, S. 150

44

ausdrücklich zuzählt." (257) Gerade der letzte Teil dieser Aussage macht zudem den theologisch so bedeutsamen Aspekt der Stellvertretung in diesem Zusammenhang ausdrücklich.

4. Die Aufgabe einer neuen Mystagogie

Rahner beschreibt das moderne Welt-und Selbstverständnis dahingehend, dass der Mensch in einer „hominisierten Welt" (SW 19, 273) lebt, in der er Gott nicht entdeckt. „Wenn die Welt gott-los und Gott 'welt-los' (SW 19, 285) geworden sind, dann ist das ein positiv christliches Ereignis, durch das dem Menschen das namenlose Geheimnis Gottes unverwechselbarer aufgeht. „So ist es der Kirche heute aufgegeben, alle ihre Vollzüge als Ereignis der Präsenz Gottes in der Weise des Mysteriums zu begreifen und zur Geltung zu bringen."(259) Daraus ergibt sich eine „Theologie des Geheimnisses", das aber - um Geheimnis nicht mit einen unaufgeklärten Rest oder dem Absurden zu verwechseln - die Rückbindung an den erfahrbaren innersten Kern der christlichen Botschaft erfordert. Dieser kann als "Kurzformel des Glaubens" so beschrieben werden: **Das „absolute heilige Geheimnis ist in Jesus Christus der Welt bergend und beseligend nahe gekommen."(259)**

Rahner sieht die große Chance des Menschen in einer „gottlosen" Welt darin, dass er so eigentlich erst verstehen kann, „was mit Gott gemeint ist, wenn im Reden über 'Gott' seine transzendentale Erfahrung angerufen wird, in der er immer schon mit dem heiligen Geheimnis als seiner absoluten Zukunft zu tun hat." (260) Daraus leitet sich auch ein grundlegendes Verständnis ab für das, was wir 'Gebet' nennen. Es ist ratsam, Karl Rahner hier selber zu Wort kommen zu lassen, der mit seiner eindringlichen Sprache auch heute noch beispielgebend ist für „die Übergabe und Einweisung in das liebende göttliche Geheimnis":

„Nur wenn der Mensch weiß, dass er unendlich mehr ist als unmittelbar greifbar ist, nämlich der Mensch des unendlichen Gottes von schrankenloser Freiheit und Seligkeit, kann er sich auf die Dauer wirklich ertragen. Sonst erstickt er langsam in seiner eigenen Endlichkeit, und alle hohe Rede

über die Würde und die Aufgabe des Menschen wird immer verlogener klingen. Darum hat es die Kirche im ersten und im letzten mit Gott zu tun... Diese Botschaft muss im Leben ohne Rückversicherung gewagt werden, dann zeigt sie, dass sie trägt und befreit...Ein zweites muss in der Kirche echter Spiritualität lebendig verkündet werden: Jesus. Das heißt der Glaube, dass in der Geschichte unseres Lebens und der Welt in ihm die absolute Selbstzusage Gottes als des uns befreienden Lebens für uns greifbar und für immer festgemacht ist, in ihm, dem in den Tod Gegebenen und endgültig von Gott Angenommenen und Lebenden."[79]

Für das Engagement in den "Orten kirchlichen Lebens" ebenso wie für deren Wertschätzung "anonymer" gnadengetragener Vollzüge, ist jene anthropologische Grunderfahrung konstitutiv:

„Der Mensch ist sich selbst in der weltlich gewordenen Welt der unabdingbar erste Ort der Begegnung mit dem sich selbst mitteilenden Gott: im Ereignis und in der Erfahrung seiner in Christus und dessen Gnade gründenden eschatologischen Hoffnung. Allein aus dieser gnadenhaften Erfahrung heraus wird ihm auch ein gelassenes und hoffnungsvolles Leben in der Unbehaustheit der pilgernden und sündigen Gemeinschaft der Glaubenden, in der Kirche, möglich sein, auch in einer winterlichen Zeit, die nicht die Zeit spektakulärer Erfolge ist."(260)

Aus all dem ergibt sich eine Hoffnung, die überall gelebt werden kann, die aber bezeugt und benannt werden muss. Auch hier kommt noch einmal der dialogische Grundzug der Mission zum Tragen, der ein echtes Sich-Einlassen auf die konkreten Nöte, Sorgen, Fragen und Probleme voraussetzt, ja fordert. Denn die „christliche Hoffnung und in ihr der das Heil wirkende Gott (als ihr Grund) (ist) in der gott-losen Welt 'als echt und für die nüchterne Alltäglichkeit des Lebens grundlegend' (SW 19,311) präsent, verstehbar und nachvollziehbar. Insbesondere muss man der Kirche ansehen, dass es ihr 'nicht um sich, sondern um die Menschen, um alle Menschen geht und damit auch um die schöpferische Mitgestaltung einer

---

[79] Karl Rahner „Strukturwandel der Kirche als Aufgabe und Chance", Freiburg i.Br. 1972, S.92ff – Diese „Kurzformel" des Glaubens aus Rahners „Strukturwandel" ist, - das bekenne ich freimütig, - für mich eines der schönsten und aussagekräftigsten Glaubensbekenntnisse!

Welt, die allen Menschen Raum für ein Leben in Freiheit und Gerechtigkeit bietet.

Wichtig - und das muss immer wieder betont werden, um den ekklesiologischen Charakter dieser Überlegungen deutlich zu machen: Sie sind alle grundgelegt in einem **Verständnis von Kirche "als... sakramental-gesellschaftliche Präsenz der eschatologischen Hoffnung durch und mit dem Auferstandenen und seiner Gnade."** (261)

„Die Kirche ist in einem wirklichen und fundamentalen Lernprozess, der nur mit den Anderen und im Angesicht Anderer vollzogen werden kann. Wir wissen nicht im voraus zur Begegnung mit Menschen anderer Religionen, anderer Weltanschauungen oder Überzeugungen, was sie bewegt und welche Aufgabe uns darin und daraus erwächst... Im Dialog mit der Welt ist Kirche nicht nur Lehrende, sondern auch Lernende. Der allgemeine Heilswille Gottes, der sich auch im Heilsoptimismus des II. Vatikanischen Konzils Ausdruck verschafft hat, ist ein wirksamer...Kirche ist von dieser Sicht her nicht die Schar der „exklusiven Heilserben" und wenn es Gnade und Glauben außerhalb der Kirche gibt, dann bleibt der Begriff des „anonymen Christen" berechtigt. Sie ist eine Zeugengemeinschaft, die jene Hoffnung ausdrücklich beim Namen zu nennen weiß, die die gesamte Schöpfung treibt. Mission ist für Rahner unverzichtbar, aber prinzipiell dialogisch. Die Anderen sind immer schon Subjekte der Verkündigung, die an sie ergehen soll. Daher ist die Kirche wirksames Heilszeichen, d.h. Grundsakrament, wenn sie ihre Sendung in diesem Sinne als Dienst versteht und auch entsprechende Lebensformen und Strukturen ausbildet. Eine geschwisterliche Kirche wird die Nöte, Fragen, Sorgen und Hoffnungen der Zeit teilen und so erkennbar bleiben. Diese „Zeitgenossenschaft" ist Ausdruck tätiger Nächstenliebe, die auch die Feindesliebe beinhaltet. In einer globalisierten Welt kennt die Liebe zum Nächsten auch keine Grenzen mehr, die durch Staaten oder Entfernungen errichtet werden..."[80]

---

[80] ZKTh, Würzburg 2012, Heft 3- Aus „Universales Sakrament des Heils" (R. Hubert, R. A. Siebenrock), S.324-343, bes. S.339ff)

Zum Autor

„Rudolf Hubert (geb. 1958) ist Geschäftsführer des Kreis-Verbandes Westmecklenburg-Caritas Mecklenburg e. V.

Als Schüler in der ehemaligen DDR ist er auf das Büchlein von Karl Rahner gestoßen: "Von der Not und dem Segen des Gebetes". Mit diesem Büchlein konnte er spirituell und intellektuell in der damaligen Situation Boden gewinnen. Seine anhaltende Beschäftigung und vertiefende Auslegung des Werkes Karl Rahners hat er in der umfassenden Studie zusammengefasst: „Im Geheimnis leben - Zum Wagnis des Glaubens in der Spur Karl Rahners ermutigen" (Würzburg: Echter 2013). Dieses Werk kann als vertiefende Auslegung ebenso empfohlen werden, wie als mystagogische Anleitung zur eigenen Glaubens-findung bzw. -vertiefung."

Prof. Dr. Roman A. Siebenrock, Universität Innsbruck